教育琐话

张克中 著

江苏凤凰教育出版社
Phoenix Education Publishing, Ltd

自　序

这是一本教育观察记录，主要内容是有关基础教育的。记录者我是一位有二十六年学校教学工作、十年教研机构工作经历的教师。全书没有教育理论，只有现象观察。我认为教育是没有唯一结论只有育人基本原则和方向的职业，所以这本书没有试卷式的答案，只有诚实且用心观察后的判断。阅读对象是中小学教师、校长，基础教育管理者，学生家长，有意从事教师这一职业的高校学子，还有高中那些爱自由有独立思考意识的青年，如果您不属于这个范围，即可将此书弃之不顾。

人类自有文明始，教育既已开始。二十多年前开始记录自己对教育的观察时，我就坚定地认为，是人类自身的欲望推动了人类自身的演化和社会的进展，教育既是人类欲望的产物又是满足并催生人类欲求的工具和动力。所以，人类为了满足自己，必须实施教育。这是我对教育最早的个人观察记录。

既然人类社会的终极目的是人自身,那么人类的先贤圣哲们界定教育的目的是人也就自然符合逻辑。无论东西方的教育有何不同,在终极归宿观上没有本质的差异。尽管西方哲学中的教育观主张不一、见解各异、流派纷呈,但他们都承认教育最终追求的是人的自由;中国教育两千年的发展渐成一个声音,那就是儒家的"大学之道",具体说就是"在明明德,在亲民,在止于至善",这是对每个人的要求,何为"至善"? 如果一个人最终成为一个"至善"的人,那他肯定会是一个精神自由的人。所以,无论是西方教育的为个人,还是东方教育的为道德,其本质都是为了人类(个体)的终极自由,不存在孰优孰劣。这是我对教育的第二个观察。

西方基于人性的教育和东方基于德性的教育虽然终极目的都是"为人",但其实施方法相去甚远。前者本着自由的精神启发个体的成长,后者本着德性的至上训育个体的向善,因而西方的教育法则是在开放、不确定的氛围里实施教育,东方的教育法则是在确认的权威中实施教育,即所谓"师者,所以传道受业解惑也"。这是我对教育的第三个观察。

自 序

东西方不同的教育方式对社会的重大影响在上古时代、中古时代并没有明显的区别,真正的分水岭在中国乾隆朝,即十八世纪六十年代开始的第一次工业革命时期,此时西方教育发展出了现代科学知识。现代知识带来的现代技术,让东西方的社会发展产生了巨大的差异。一直到十九世纪的九十年代中后期甚至二十世纪初年,中国才开始出现现代意义上的学校,潮水般涌入的现代知识洪流冲垮了我们上千年的教育体制,标志性事件是1905年国家科举制的废除。这是我对教育的第四个观察。

在二十世纪的最初曙光里,大江南北虽然雨后春笋般诞生了众多的现代教育学校,但遗憾的是,这场教育文明的对接只是知识的内容对接,我们拒绝了西方教育中知识习得的方法。此后百年的时光,面对不断更新的现代知识系统,我们顽强地坚守了科举时代的师者授受和求学者的博闻强记(死记硬背)手段。在最近的三十年里,为了应对知识的升级考查,我们越来越重视知识的训练手段,以致出现众多反教育的教育行为。就近的十年,国家越是加大基础教育变革的力度,学校愈是以更加强化的内卷手段对抗,各种问题层出不穷。这是我对教育的第五个观察。

2022年11月开始的人工智能大模型浪潮,仅仅用两年多的时间,就宣告了一个新型人类文明即将到来的消息。整个人类社会的教育都将因AI而改变,基础教育的颠覆已成确定的未来。估计用不了多长时间,我们今天基于AI想象的教育图景就将覆盖掉现在所有人熟悉的教育场景。这是我对教育的第六个观察。

会发生脆断吗?有相关记忆的人可以回想一下互联网技术一开始对社会和个人工作生活的影响。2000年,我所在的学校,十几人的办公室突然有了一台大屁股电脑。2002年,教师职称评审开始需要职称计算机考试合格证书,一夜之间,有职称需求的教师不得不面对电脑瞪大双眼,无论双手笨拙还是灵巧,开始在键盘上学习打字,不少人甚至买了一个叫小霸王学习机的东西进行键盘打字的指法练习。就是在那一年,我与上百人一起在县教师进修学校从开机关机开始,学习职称电脑知识和操作技术。2003年,突然有人说今后每个人都可以不出门在电脑上买东西,多少人听了觉得匪夷所思。这一年年底的学校工作总结大会上,锡山高中的朱士雄校长展望未来,兴奋地说大家很快就会有一辆家庭小轿车，引起全场一片哄笑。之后的发展无须再说。现在，用了两年的时间，AI 就从人类创造的工具即将走向创造未来的智能体。你说，这对人类社会生活的影响是不是要比二十年前迅猛得多？

就是这个缘故，我才决计出版这本教育观察。因此，本书主要聚焦当下，并没有在基础教育的历史语境中纠缠，四辑内容多半为这几年对基础教育的切近观察，思考有多成熟，无法保证，但每篇文字都是真诚地付出是确定的。

为自己的一本小书作序，我感到很为难。鼓吹自己的一堆文章如何好总是不妥的，但又不能谦虚说书中文字差，这得气晕责任编辑。但我可以期待它速朽，这本小书过时得越快，越说明基础教育发展得迅速，如此所有人对基础教育的无奈就没了。如果这册文字出版即落后，那真是太好了，这是我乐见的。期待批评。

是为序记。

张克中

2025 年 2 月 3 日 无锡雪浪山下

目 录

第一辑 不一样的教育

何为教育 / 003

教育何为 / 011

教育是孤独的 / 017

教育的孤独是守候者的温暖 / 025

今天,我们如何做教师 / 033

人工智能下的教育 / 040

父母需要教育 / 044

由辛纳演讲想到的 / 049

未来的教育 / 055

第二辑 有所为有所不为

教育者应该有所不为 / 067

学校要捍卫教育常识 / 072

教师作为职业 / 077

去先锋书店 / 083

想到《病梅馆记》/ 089

ChatGPT、学科教学及其他 / 094

由教学《论语》二则想到的 / 099

越界的父母 / 107

没有人能替代自己的专业发展 / 112

第三辑　别过脸去转过头来

教师的身份意义 / 121

教师的专业生活意识 / 125

教育的常识 / 130

阅读的困境 / 134

阅读碎想 / 138

如何带着孩子读书 / 149

一个人如何读书 / 155

穿行在校园里 / 162

学会为孩子疗伤 / 168

做教师 / 172

第四辑　琐事琐思录

关于跨学科 / 179

常理、常识与认知 / 184

我为何而教 / 190

一场作文比赛琐记 / 195

我们为什么阅读 / 202

教育的难题 / 210

退化的汉语 / 214

对知识的认知 / 218

教师的慌乱与绕着走 / 226

教育需要安静地变革 / 233

尾　记 / 237

第一辑　不一样的教育

何为教育

教育何为

教育是孤独的

教育的孤独是守候者的温暖

今天，我们如何做教师

人工智能下的教育

父母需要教育

由辛纳演讲想到的

未来的教育

何为教育

专业教育工作者应该严肃思考何为教育这个命题,我们不应该稀里糊涂地走完自己的职业生涯。

什么是教育?这似乎不应该再是一个问题。从亚里士多德、孔子算起,人类经历了两千多年的教育文明洗礼,怎么还会有何为教育的疑问或者讨论?事实上无论西方还是东方,教育是一个仍然不得不面对的问题,有时甚至是难题。

2021年11月10日,联合国教科文组织(UNESCO)推出沃克报告《一起重新构想我们的未来:为教育打造新的社会契约》,报告从当前教育面临的全球社会与自然宏观环境变化和教育的内部挑战入手,提出教育必须根植于人权承诺和共同利益基础,从教学法、课程与知识共享、教师的变革性工作、学校变革、教育的时间与空间等方面进行教育革新,推动形成新的教育社会契约,以重塑人类不确定的未来。这是联合国教科文组织继1972年推出富尔报告《学会生存——教育世界的今天和明天》、1996年推出德洛尔报告《学习:内在的财富》后,推出的第三份世界教育发展报告。这一次的报告,"不确定的未来"成为焦点,教育的难题与使命似乎远较上两次报告让人心生忧虑,教育变革的急迫性前所未有(沃克报告的前瞻性已为人工智能大模型所证实)。之所以会如此麻烦,是因为人类社会似乎到了一个急剧的变化期,生存的社会环境与自然环境都在加速改变,由人类欲望导致的发展前景呈现出"不确定"的明显特征,教育再一次面临新的大问题与大挑战。不过,人类教育的整体困境和面临的挑战只是我们讨论问题的背景,不是我们关注的内容,我们甚至也不会过度讨论社会和区域教育问题,虽然有时候不可能不涉及,我们的重点和精力将主要放在对"教育常识"的再关注上。只是,再说教育的常识,背景板有了现代图景,这是由每个时代特定的社会状况和教育自身的内容决定的。

关于何为教育,前辈有许多经典的论述。我们的问题是长时间以来习惯了一种笼统的说法,常将职业的教育与生活的教育混为一谈,以致今天教育在不同场域的边界模糊一片。事实上,教育作为专业的概念与作为生活的表述,其含义并不完全相同。我们都知道的常识是,在中国,"教育"一词最早来源于《孟子·尽心上》:"君子有三乐,而王天下不与存焉。父母俱存,兄弟无故,一乐也;仰不愧于天,俯不怍于人,二乐也;得天下英才而教育之,三乐也。"在西方,教育(education)一词由苏格拉底创造出来。无论东西,这里的"教育"并不是教育学中的教育,而是指向生活与人发育成长的教育。而作为教育学概念的"教育"是十九世纪德国哲学家、心理学家,被誉为"科学教育学的奠基人"约翰·弗里德里希·赫尔巴特提出。也就是说,作为专业的教育,直到十九世纪才被正式提出来。虽然如此,现代教育学之父赫尔巴特所说的教育也包含了自苏格拉底以来西方的教育内含,只是比之前时代的教育内容更为丰富。总起来说,孟子与苏格拉底时代的人类教育并没有将知识(专业)的教育与生活的教育彻底分开,人类社会直到十九世纪才有我们今天嘴边常说的专业教育。现在,我们要厘清的是孟子(中国)的"教育"与苏格拉底(西方)的"教育"有何不同,今天我们多数人口中的"教育"与赫尔巴特以来的西方"教育"有何差异。

东汉许慎在《说文解字》中对"教育"的解释是,"教,上所施,下所效也。育,养子使作善也"。后人对此的理解一般是,"教"是父母做示范,让孩子模仿学习;"养子使作善也"是让孩子做善良的事,成为善良的人。"后人"是何时的后人? 查了一些资料,似乎没有结论。但"后人"对"许慎说"的理解却很可疑。许慎说的"上所施,下所效也"是"后人"理解的父母做示范、孩子模仿吗? 如果是,我们上古的人示范什么,孩子模仿什么呢? 汉字是由最初的象形文字而来,"教"在甲骨文中是人持棍棒敲打幼童的象形,𣁷,"教"不是做示范,而是棍棒下的"训","训"无非又加上了"口头"的斥责而已。"育"在甲骨文中是女人生孩子的象形,㐆。"教育"放在一起,一个最直观的理解是,孩子生下来是要敲打(长大)的。如此,许慎笔下的"上所施,下所效也"怎么会是父母"示范"呢? 它只能是"棍棒"教训。如果一定要理解成"示范",那也只能是棍棒的示范。所以,我们传统中的"教育"应该理解成父母（上）施加外力，孩子（下）奉命行事，并终成父母（上）期待的样子。至于许慎所解的"育"，早期的纯生产概念在社会发展过程中出现"养"的内涵是完全可以理解的。无论如何，东方的"教育"自古即是外力作用驱使儿童按照"上所期待"的样子成长。另外顺便一说，孟子在"三乐"里所说的"得天下英才而教育之"，是为君子理想作的陈述，非为教育者的追求树立标准，如今一些学校常引孟子的这句话作为自己的办学追求，是有理解偏差嫌疑的，孟子言及的"教育"与我们今天通行的教育操作不能画等号。

在西方，教育一词来自拉丁文 educatio，前缀"e"有"出"的意思，整词的意思是"引出"或"导出"，就是通过一定的手段把某种本来潜在于人身体和心灵内部的东西引发出来。所以从词源上说，西方"教育"一词是内发之意而不是外力施加，教育就是引导，强调将人已有的或潜在的能力与素质自内而外引发出来，帮助一个人成长成自己的样子而不是父母期待的样子。

这就是东西方在"教育"源头的巨大差异，一个强调外力作用的重要，一个主张内力引发的原则。源头没有优劣,只有差异,目的只为一个人的成长,东方更主张道德,西方更主张自然本性。

教育在东西方真正最大的分水岭应该晚至第一次工业革命,即公元十八世纪六十年代到十九世纪中期,在中国是乾隆朝中后期和嘉庆朝。尽管东西方"教育"的实践路径大相径庭,但在工业革命之前,由于人类知识的局限,教育在东西方展现的社会作用差别并不大。一切改变源于工业革命时期"科学教育"的出现,自教育学成为一门专业科学始,教育实践源头的差异性对教育自身和社会发展的巨大影响才日益显现出来。东方教育与西方教育在目的、路径、作用、实效全面比较后,十九世纪的最后几年至二十世纪初年,现代学校开始大量在中国大地上出现。

又一百多年过去了,我们现在的"教育"与赫尔巴特以来的西方"教育"相同吗?答案显而易见。退一步说,如果不同,差异性何在?这个问题非常复杂,我们只能从教育目的、实践路径两个角度作最简单的陈述。现代西方教育的根本目的仍然是为个人的,通过个人自由的成长最终为社会和社会的未来。我们的教育目的仍然是为他人的，为道德的教育仍然是教育的直接终极目的，只是增加了为个人的内容。这种教育目的本身没有问题，与西方教育的终极社会效用并无差别。只是这种为社会、为他人、为道德的直接教育目的在普遍的人性面前是被动的，由此引发的教育实践不自觉就走向了驱使和灌输，而这种驱使与灌输的教育路径在现代教育面前又会反过来阻碍教育的社会终极作用。换一种说法就是，人类社会发展到现代教育时代，东方传统的教育方式与现代教育需要的教育方式产生了激烈的对抗，并会最终直接导致现代教育社会功能效果的减弱。二十一世纪的今天，当人类经过农业时代、工业时代、信息时代发展到数字时代时，我们的教育方式到了必须改变的时候，这也是近年国家提倡育人方式转型的重大原因之一。仅从这个角度讲，教育常识中的家庭与学校教学方式都应该与人类教育的主流看齐，要从"教"的传统走向"引"的方向。

如今，随着人类人工智能的发展，我们越来越清楚地看到，无论东方还是西方，知识教育正在成为人类传统教育的背影，全球教育面临一场重大的前所未有的革命性改变。人类文明再一次遭遇大考，这或许是联合国教科文组织发布第三份教育发展报告呼吁重新构想人类未来的原因之一。在数字智能时代,何为教育?想象力、独立思考、协作智慧、逻辑思维是眼下能看见的专业目标,走向理想的教育实践路径只能是"唤醒"与"引发"。作为现实教育中的从业者,重新思考并改变自己的教育目标和教育方式确是刻不容缓的职业责任。

教育何为

不同的人,站在不同的立场和角度,说出的话、作出的判断都会不同。教育何为这样的问题,作为一个职业教育者,你如何作出回答?

我们要将这个问题限制在学校教育和家庭教育的范围内来谈,不然会因为问题太宽泛而无法聚焦。

从学校的视角思考,教育要何为呢?现代教育伦理最普遍的意义,如今从事教育的人都明白,学校的一切教育行为都是为了人的成长。让学生成为个性而全面发展的人是学校教育的终极目的,学校教育要为这个教育目的组织专业的教育行为。但这里不围绕这个大道理说事,道理早就被人说烂了,我们从学校教育的实际出发思考一些问题似乎更有意思。作为一所从事现代教育的学校,应该做什么?学校第一个该做的是落实国家课程方案,按照国家课程方案要求开足开全所有规定的课程。如今,有多少学校真正做到了呢?一个非常怪异的现象是,许多学校一个方面高唱教育理想,一个方面又不落实作为学校应尽的国家课程责任。学校第二个应该去做的,是按照国家课程理念去实施课程教学。但现实的情况却是,当国家所有课程理念都指向学科素养和立德树人目标时,学校还在拼了命地为知识而非为素养,为分数而非为树人,且为知识的途径仍然是单一的灌输。须知道,知识尽管很重要,但单纯为知识的教育在世界的今天注定会为这个世界所抛弃,传统的知识灌输方式更不能带来时代对人所要求的素养。教育职业之外的普罗大众不了解不懂得也就算了,作为教育的专业人员,将教育的理解降低到与专业人员之外的人群一样,是非常没有身份意识与职业操守的表现。因此,作为一个可以称作学校的地方和专门从事教育的职业者,都不能仅从口头上接受国家课程理念和国家课程方案,应该从行为上去实现国家的课程期待。

我们的家庭教育,从传统中一路走来,无论从教育目的还是从教育行为去观察,家庭教育的责任与范畴都需要认真思考、严肃对待和重新定位。今天的家庭教育存在两个大问题，一是忽略了家庭作为道德教育最重要场所应该承担的责任，二是功利目的出发的教育期待已经绑架了正常的学校教育。我们一说教育，就似乎全是学校的责任，殊不知一个人道德的养成主要应由家庭去实现。尽管学校也承担着道德教育的责任，但只能是家庭道德教育的补充和简单纠偏，一个人品性形成的主要场所是家庭。在道德的形成中，我们虽然不再提倡棍棒的教育，不再主张孩子不打不成器，但并不主张家庭将孩子成长的道德责任都交给学校。另外，一个家庭将孩子送到学校，作为父母，最应该明白的道理是，知识不是孩子去学校的唯一目的。但是，今天的父母送孩子去学校的唯一目的却恰恰是为知识，习得知识考上好大学是唯一的追求。这种只为知识的功利诉求正在摧毁我们的学校，在近二三十年间，国家越是想转变学校教育方式，社会暨家庭的阻力就越大，父母对教育的理解迫切需要一次来自国家层面的启蒙。须知道，我们的父母和我们的家庭教育，只有在超越了纯功利的目标追求时，才能做出明智的培养后代的家庭教育行为。无论社会现实生存多么让人无奈，作为父母，都要超越眼下的功利,让目光看得更远,承担起家庭道德教育的责任,然后将知识教育交给学校,并自觉不再干涉学校的专业实践。

以一个所有人都知道的"教育名言"与从事教育职业的父母讨论——不能让孩子输在起跑线上——与非教育行业的父母谈这个话题可能更费劲。为了不让孩子"输在起跑线上",这么多年,将孩子送进各种教育培训机构是几乎所有父母共同的价值认同,成了一种现象级的社会景象。小学阶段的父母们将孩子送到钢琴、小提琴、围棋、舞蹈、绘画……兴趣班的同时还将孩子送进语文、数学、英语……课外辅导班。中学阶段的父母们更实际,小学阶段的那种所谓素质班被丢下了,只将孩子送进各种学科知识补习班。辛苦的父母们与教育培训机构共同勤奋地"培养"了孩子好多年,让他们不知刷了多少道数学、语文、物理、化学、外语……题后,ChatGPT 出现了,无数的孩子拼尽了一个少年的全部心力才掌握的那点知识,在人工智能模型上只要几秒钟就解决了。稍稍抬头看,我们多年辛苦的付出变得毫无意义。ChatGPT 并不是一个简单的筛选计算机器,它预示着全球教育大转型时代的到来,这相当于全世界的人都可以随便招手搭乘飞行器出行的时候,我们还在甘心用脚步前往目的地。这不是能力问题,这是认知判断问题。由此出发,我们要思考的是,父母因普遍担心孩子在未来世界的生存而拼命地让孩子去掌握知识,一个人掌握了知识是否就能解决他未来的生存问题?未来的世界是一个怎样的世界,有谁能够说得清楚?有无想过,我们所谓的起跑线或许根本就不存在?你以为的人生是田径比赛是马拉松比赛,有没有想过,未来根本就没有田径没有马拉松只有游泳,且游泳并不是比速度,而是看我们今天谁也不知道的技能?甚至,我们心心念念的所谓"比赛"根本就不存在?作为身在教育场域中的职业者,应该思考的似乎远不止一个"起跑线"。

教育何为?学校的归学校,家庭的归家庭,这个常识应该成为一个共识。学校要承担起教育场所应承担的专业使命与责任,为人的发展和国家教育期待服务,拒绝社会对教育的过度干涉;家庭不去干涉专业教育的同时,要担负起道德教育的首要职责,不要将家庭的教育责任推给学校,学校主要提供智育,用知识和理性帮助一个人提升他的道德修养,学校不是道德的直接交付方。如果你是教育从业者且已为人父母,就更应该清楚,未来的社会需要现在的教育专业人员做出何样的专业行为。

教育是孤独的

孤独是教育的本质之一，选择教育作为职业的人，并不知道自己就选择了孤独。

每个人都是独立的个体，在每一个独立的个体生命空间，都驻守着他人无论怎样都无法踏入的领地，这是区别此与彼、我你他的神奇密码。这种灵魂之神造就了存在主义哲学家尼采与海德格尔主张的孤独理论，他们十分坚定地认为，孤独是人类存在的本质之一。

也因此，教育行为发生的过程就是孤独个体与孤独个体或孤独个体群的面对。无论我们以何样具体的社会表情面对这种面对，这种面对的实质都是孤独的。

任何一场教育的对话都是一场孤独的对话。我们常将教育比作对人的唤醒或启蒙，一位教师，如何才能将一个孤独的灵魂唤醒呢？要知道，教师自身也是孤独的，他要克服自身的孤独,带着温度去走近一个个孤独而独立的灵魂。并不能保证每一次对话都是成功的,也并不能保证每一次靠近都有理想的结果。所以,教育是带着愿望无法保证结果的孤独之旅。

如果我用一个教育的灵魂去碰触几十个灵魂的结果是只有那么为数不多的几个人有真诚的回应,我将如何面对这种教育结果的孤独?不要老说付出就有回报这种话了,这话生效需要不少前提条件,生活的残酷性就在于你付出了很多辛苦的努力,最后生活对你并没有什么微笑,教育的真相也是。这是我从事三十余年教育的切身体会之一。

很多时候,我们不得不像面对人生的艰难一样面对教育过程的艰难。并不是每一场教育的对话都有人倾听,也并不是每一场教育的对话都被理解,更不是每一回真诚的教育表达都被接受。就如你不可能让这个世界上所有的人都能理解你的痛苦一样,作为教师,你要有勇气把教育的孤独留给自己。

向谁去倾诉自己在教育现场被冷落、被不解、被嘲笑、被拒绝后的职业孤独呢?我们站在教育的窗前,看向未来,那明明就是一条铺满鲜花的道路,可行走的具体过程常常感觉是无助和困顿的,并没有人为你送上鲜花,你眼里也看不到鲜花,你也少见有人真诚地鼓掌,你整个的职业生涯就是在不断抗争,与所有的反教育者和反教育行为焦虑,生气,过不去。有时我会禁不住地感慨,这个世界,虽然行业万千,都是人与人的沟通,但有哪个职业的沟通跟教育中的沟通类似,又有哪个职业的现场对话与教学的现场交流相同呢?

不过,话说回来,教育的这份孤独让人安静,让人有那种心有所属的职业安静,因此不少人喜欢。或许,这可称为职业的宿命。

有些人总以为打开知识之门就完成了教师职业的使命,其实,远远不够。一个人接受教育,如果只是受到了无生命的僵硬知识本身的训练,而不是有生命的灵魂的滋养,那他那个孤独的肉身就始终是僵硬的。没有温度,他看世界的眼神就没有爱,他与世界的相处就会不断产生摩擦,不和谐就会是唯一的结果。这与教育的终极目的显然背道而驰。

一想到这个,我就为今天学校教育的种种实际作为而担忧,我们付出了如此多的时间和身体成本,却为单薄的知识而去,实在对不起晨起夜归的辛劳。

一想到这个,我就觉得教育的孤独不独是职业的孤独,更是生命间彼此理解靠近过程的孤独,是教育观念和教育认知的孤独,是世界上最重要最值得重视的孤独。至少到目前为止,人是这个宇宙的唯一,起码,人类在这个星球上没有同类。可是,我们是如此慢待了自己的生命,实在太草率。教育和接受教育的过程是生命过程中非常重要的部分,无论如何都不该慢待,可是,不慢待不等于胡乱对待。不知道还有多少人能接受这句话了,不被误解几乎到了不可能的地步。教育的孤独感频频出现庶几出于此。

因为工作的关系,曾有相当长的一段时间,我是一个人在办公室度过凌晨的。夜的寂静在偌大空旷的办公楼里显得越发寂静,有时候孤独的心境几乎可以用震耳欲聋这个词来形容。工作的间隙,我会放一些苦情歌让自己安静,或者站在窗前听远处高速公路上重型货车撕开空气的轰鸣。在歌声或者空气撕裂声里,或者歌声和空气撕裂声混杂的声音里,夜让人有种出奇的安宁。

那是一种能让人清醒的孤独,会想到教育的种种艰难与无奈,想到许多不被人理解的坚持,也想到更多坚持下去的理由。

打个比方,可能不太恰当,但我想不到更好的了。教育在某个瞬间的寂寞,犹如一个人爱而不得的清醒,孤独如此刻骨,冷峻,让人念念不忘。或许,一个喜欢孤独的人更适合从事教育这个职业。正是灵魂孤独的本质,赋予了教育本身更多的意义。

我知道,任何职业的本质都是孤独的,不独是教育。只是人们更愿意赋予教育以特殊性才让这份职业在道德上光芒四射。如果仔细想,哪种职业能没有道德性呢?只是教育的道德性让教育的孤独放大了,以至于许多人无法忍受这份道德的苛求干脆向物质的世俗社会投降,甚至满足社会毫无道理的要求,这就更让教育道义的坚守者深觉孤单。有一段时间,民间甚至出现朴素教育坚守者抱团取暖的说法,他们以彼此间的鼓励行走在职业的路上。但教育的孤独说到底是从业者个体对自我职业追求的价值定义，抱团取暖只能是短暂瞬间的安慰，不解决任何实际问题，如今果然没人再提。唯一让人揪心的，是那些前行者如今生活如何？

需要特别说明的是，这里说的教育孤独不是理想主义者的那种孤独，是普遍的孤独，是教育自身的特性之一。教育的这种特性之所以常常被人忽略有两个原因，一是教育的表象是欢乐，是成长，是向善的进发，沿途看上去鲜花怒放，锣鼓喧天，赞美阵阵；二是教育总是被世俗的欲望所挟持，理想的教育常被误解为功利的满足，教育行为屡屡被无智的诉求绑架。前者让人忽略教育者真正的工作状态，后者让人看不到教育和真正的教育价值与意义。至于教育的孤独，他们听起来犹如天方夜谭。

黑塞曾强调阅读是人获得教养的途径，我们今天更应明白，阅读的过程就是接受教育的过程。我们总是在阅读中获得灵魂的启蒙，那种觉醒本身就是孤独的，又是感动的，更是鼓舞的。所以，没有孤独，或许就没有成长。教育与此类同。从事教育工作的人，应该理解并接受职业过程中的这份不被他人理解的职业孤独感,让自己不断走向真正的教育。

我们站在办公室的窗前,望着窗外,剪影本身就是一种职业孤独的宣示。我们坐在桌前,灯下备课或者批阅学生白天的作业,身形就是专业者的孤独。这是时间的孤独,也是空间的孤独,更是身份的孤独。正是这种孤独,才凸显教育者的价值。世间万物的意义,常常成立于孤独之上。

教育的孤独是无解的,它如影随形,掺和在你每一个职业的言行中,尽管你在大多数时候并没意识到它的存在。所以,不必担心职业的这份孤独,你选择了教育就命中注定必须拥有它,除非你决心有愧于这个职业。这个世界上,职业万千,数十亿人,有几个人愿意对不起自己的职业选择呢?职业的堕落就是人生命质量低下的职场表现,没谁会轻言对不起自己的生命。因此,不要企图在自己的教育行为里拒绝孤独,要拥抱它,拥抱孤独就是接纳完整的教育,就是接纳职业的本质和不完美,也是接纳教育在哲学意义上的完美。

人类社会不会也不能没有教育，教育才能带来人类美好的未来。但怎样的教育才是教育？是否辛苦付出了就是履行了教育者的职责？是否满足大众的诉求就应是教育者的职业追求？

　　教育的哲学之途是一条铺满鲜花和布满赞美的道路，但教育的现实之路却是一条蜿蜒崎岖、荆棘丛生的道路。在歌唱的暗影里，驻守着永恒静谧的夜和深邃的星空。作为职业教育者，我们能行走在歌唱中，也能伫立在无人对话的深夜里。

教育的孤独是守候者的温暖

　　教育的温暖来自寂寞中的坚定,也来自各种教育细节。

01

因为教育是孤独的,所以,教育又是温暖的。这份温暖来自对职业孤独属性清醒的认识。真正的职业教育者都热爱教育本身,因为热爱,孤独反而让教育者收获了一份特别的幸福。

几年前,歌手王凯琪在一档音乐节目中演唱汪峰的《我如此爱你》,唱出了原唱不曾表达过的涵义——清醒,坚定,平静地守候,还有因为孤寂而拥有的一份勇气,让人听了有种别样的感动。王凯琪用旋律诉说,歌词里有这样几句:看见远处那块岩石了吗/在潮汐中沉默地屹立着/像一个誓言永不哭泣/那就是我是的那就是我/……我如此爱你,这是我存在的意义/我如此爱你,因此我站在这里……在歌者磁性的声线里,这些内容让人听出了孤独背后的深情,深情背后的坚定,坚定里自己独有的幸福。这像极了职业教育者对教育的倾心,很孤独,却因清醒、安定、执着,热爱的内心泛起的是选择的勇气。教育的孤独,也是守候者内心的温暖。

02

是的,教育是一种道德选择。任何教育行为都是选择的结果,有时候我们会在选择面前进退两难,任何的进退都有现实与理想、当下与未来的博弈;很多时候我们不知道向左走还是往右行,无论左右,你内心都会有一种职业的失衡感。比如一位少年,非常有个性,极度厌学,不拒绝沟通,但父母、老师的规劝在他那儿根本行不通,他有自己的逻辑,逻辑不仅讲得通,而且理性,非常有道理。作为职业教育者,此时如何做出选择呢?

从道德的人出发,跟从教育的理性,我们应该选择支持少年;从通常的工作责任,从社会的公众道德出发,我们应该选择支持少年的父母。如果选择前者,教师会遭到来自社会的道德批评,起码会引来争议,因为人们多数不能接受教师居然鼓励学生不学习；可是，选择了后者，教师又会有职业道德的内疚，因为少年反对的没有错，他拒绝的不是学习本身，他只是无法接受无谓的而且是反复的知识灌输和应试训练。作为教师，是顺应社会的道德诉求，还是坚持职业的道德勇气？

这是多年前的一道选择题。那个叫陶雷的学生，给所有的人出了一道难题，他直面了家庭、学校的挑战，情愿自己是一枚鸡蛋，坚定地撞向坚硬的现实逻辑——反复训练，反复考试，为了升学。高二，他拒绝交作业，声言除了期中、期末考，拒绝一切考试，班主任、父母、科任老师一筹莫展。来自各方面的焦虑被他视而不见，各种谈话被他当作空气，他甚至向父母摊牌，如果老是不停地被各种谈话打扰，自己情愿退学。因为朋友的关系，陶雷被送到我这儿接受开导和教育。我永远记得他走进办公室时的那个神情，稍有羞涩和不安，还算平静，目光没有敌意，但很警惕。那天的谈话只有半个小时，他回去时，我瞥见他暗暗松了一口气。在谈话的最后，我们有个约定，就学习这个话题他写篇文章给我。隔了一天，他如约交稿，这次主动跟我聊了聊，我知道他喜欢哲学，初中就开始读康德、福柯、胡塞尔,高一读了萨特和罗素,高二正读黑格尔。一个学生读的书比教师深了去了,我们确定有资格开导他?

读完陶雷的文章,我知道自己应该做什么了。先是跟陶雷的父母聊,再去找陶雷的班主任与科任老师谈自己对陶雷的理解,核心意思是这个学生属于未来不属于当下,他或许将来高考不太理想,但他的人生质量会超过我们很多人,要放过他,让他去寻找自己的世界和自己的未来。我知道这需要他的父母有勇气做出选择,也需要教师拿出职业者的道德担当。做出如此选择的那一刻,我知道自己遵从了职业的道德责任,也遵从了一个专业工作者的内心,我被陶雷的选择温暖到了,也被自己的选择鼓舞了。

陶雷参加了后来的高考,录取在江苏大学,读了一年,最终放弃,去了德国。十几年过去了,我仍然感谢当初学校的大度,陶雷父母的选择,还有陶雷的勇气。教育很多时候是艰难的,或许正是这些难,更烘托了教育动人的温暖。

03

听由洛·史都华(Rod Stewart)演唱的"Sailing"也有类似的收获。歌曲 4/4 拍的节奏，加上吉他的弹拨、鼓点的敲击以及贝斯的低音线，歌曲中的孤独与坚定，向往与追求，体现得十分完美。音乐响起，歌者一开口——I am sailing/I am sailing/Home again/Cross the sea——听者就心潮澎湃了，再听他中板的诉说——To be near you/To be free……Can you hear me/Can you hear me——就更能理解航行者坚定航行的力量就来自他航行孤独中的信仰。

在史都华的音乐里，航海者想象自己正穿越辽阔无边的大海，徒步者想象自己正跋涉茫茫无际的沙漠，登山者想象自己正翻越高耸入云的雪山。教育者呢？像不像一生的职业旅行家，因为清楚自己的方向，怀抱史都华孤独嗓音中传达的平静与恒定，用沿途捡拾的无数因细节而动人的风景，温暖自己旅途的寂寞，并化为自己职业前行的力量？

真正的教育者是有信仰的航海家，注定孤独，但温暖会从航行中孤独的海风里升起。

04

教育是温暖的。温暖不仅来自孤独本身,来自信念,来自独立的思考与追问,更会来自那些职业过程中的某些瞬间。有次在紫金山的中山植物园遇到一所小学过来秋游的学生,那阵势,几乎山里的整座园子都是他们的天下,遍地的嬉笑打闹追逐尖叫,犹如清晨山林里那些争先恐后欢乐不已的鸟鸣。我听着他们吵闹,看着他们奔跑,笑着他们的快乐,在满眼的苍翠间,觉得了生命的美好,体悟了自然教育的动人和温暖。

这才是活泼泼的生命。因为他们的快乐,多少不被理解都可以忍受,教育的理想注定是在孤独中去追寻的。不断地追问,不舍地坚持,于是不停地发现教育事件具体的价值与意义,千百年来莫不如是。不然,人类怎么可能会有今天的文明呢?

《我如此爱你》中还有两句歌词,很是打动我,这两句歌词写的是——即使一滴悄然飘落的小雨,也会让我不住地流下眼泪。因为爱才敏感,因为倾心才留意到微小的细节,这是教师在灯下备课,在课堂对话,在作业批阅中常见的点滴。比如教材文章中的某句话,读了,能让我沉思良久;课堂上,正交流,学生一个欢乐的眼神立时让我感动不已;正批作业,学生的某个表达让人眼前一亮,不觉拍案惊叹。教育的温暖幸福,常在这些日常里涌现。

2015年元旦那天,我从锡山高中学校的北门走进校园时,保安跟我打招呼:"张老师早!"我回礼,像往常一样往办公室走。多少年了,总是每天这么走进学校,走到办公室里去,可是因为工作的需要我就要离开学校到别处去,那天是去办公室收拾东西准备与这所学校告别的。走在学校的中央大道上,看着左手边的乐群湖水和湖边的学校图书馆,空旷的校园与冬天的寒风不仅没有让我有丝毫的寒意,反而催生了汹涌澎湃的暖流,不断冲撞着我的内心。收拾好东西,从学校南门出去时,没想到门卫的一句"张老师出去啊"居然让自己眼含了热泪。我告别的不是一所学校,这一"出去",告别的是让我时有寂寞偶有怒火总有感动的课堂。离开课堂,少了多少教育现场的温暖!

既说到了课堂,那就讲一个课堂故事。有一年教学德国作家海因里希·伯尔的小说《流浪人,你若到斯巴……》,因为教材里将这篇小说置放在"和平的祈祷"专题里,我的设计也是将这篇小说的主题定位在反战。课堂上阅读小说,学生最喜欢从细节进去,那天在讨论中,有人发现小说中的"我"在离开学校走上战场前一连用六种字体在黑板上书写"流浪人,你若到斯巴……"都没有写完,为什么?"我"的美术老师一边摇着头责骂"我"没有安排好,一边自己也没有写完,这是什么意思?他们在课堂上各种理解都有,直到一个学生站起来说:"我"用六种字体都没写完绝不是伯尔说的黑板太短了,而是因为"我"太激动了;"我"的美术老师一边责骂"我"没有安排好,字太大了,一边他自己也没写完,也是因为太激动了。这个细节说的是教育,有什么样的老师就有什么样的学生,有什么样的教育就有什么样的人。伯尔的伟大在于表达得智慧,他不动声色地提醒每个接受教育的德国人要对教育本身保持警惕。这下子全班动容,课堂上的我走来走去,停不下脚步。做教师,有时候幸福感来得太突然,让人猝不及防,根本无法准备就接受了幸福浪潮的巨大冲击。

还有什么能比收获此等职业的对话更觉温暖的呢?你曾经在课堂上所有字斟句酌的言辞付出都是值得的,漫长旅途中无数个孤独无言的寂寞坚持都值得。

今天,我们如何做教师

在数字时代,如何做教师是一个必须直面的问题。

每个具体的时代,对教师这个职业的要求都是不一样的。我二十世纪七十年代接受小学教育时,一个连拼音都不能正确认读只上过三年小学的农民就可以做教师,他在课堂上教我们读"尿"字的发音,书上的注音是niào,他口中的发音是:s-uī-niào,我们自然也跟着他读s-uī-niào。今天看,这种教学笑话匪夷所思,但在那个时代,知道的人也就一笑,他继续做他的乡村小学教师。

那时真没人觉得这个问题严重吗?一定有。但又能怎么样?识字的人太少,能找到一个认字认得多一点的人来教小孩子已经不错了。那个时候如何做教师?管得严就行,能让小孩子读书认得几个字就可以。

时间到了二十世纪八十年代末九十年代初,国家基础教育开始强调"双基",讲授基础知识、训练基本技能成了所有教师的教学规范,有人甚至给语文学科总结了108个知识点,还画了知识树。这个时候,七十年代小学教师的拼音式笑话自然绝迹。时代不同了,只是认字多一些的人不可能再做教师,基础教育已经基本迈上正轨。但还远没有专业的概念,"教师专业"作为一个专业认识还要再等十年。

二十一世纪初,我们的基础教育第一次有了课程概念,有了必修、选修概念,有了三维目标概念,有了教师专业概念,有了评价概念,提出了转变学习方式的观念……在此后短短的十年时间里,教育教学改革成为教育行业最核心的任务,基础教育对教师的专业要求日新月异,以至于让实践一线的中小学教师感觉应接不暇,甚至心生倦怠。但是不论教师感受如何,国家在基础教育领域既没有减弱变革的强度也没有放缓变革的节奏,2017年底颁布的新《普通高中课程方案》与2022年颁布的新《义务教育课程方案》均让处于变革前沿的中小学教师感受到了前所未有的专业压力和变革冲击。

不巧的是,这次变革又赶上了世界人工智能大模型发展的浪潮,伴随数字时代的迅速到来,中小学教师将会受到更高频次的教学变革考验。这种考验力度有多大,现在还一时难以给出确切的回答,不过最保守的判断也是人拥有知识就拥有未来的时代一去不返。有人预测人工智能将会颠覆整个人类社会形态,如此,我们大概率需要重新定义教育。

在这种教育背景下,我们如何做教师?

2024年9月初,联合国教科文组织在巴黎举行的联合国"2024年数字学习周"上,推出了全球首个学生AI能力框架AI Competency Framework for Students,简称AICFS,我们称之为《学生人工智能能力框架》,教育领域的专家普遍认为这个框架为全球教育系统提供了一个前瞻性指南,指明了学生在AI时代应具备的核心能力。这个核心能力就是创新能力、责任感和伦理意识。这一框架不仅是对数字时代全球教育需求的回应,也为各国政府和教育机构提供了实践指导,用以帮助他们在本地背景下开发和实施符合未来教育发展的AI课程。

在国内,北京市是最先做出反应的城市,2024年10月22日发布了一个《北京市教育领域人工智能应用工作方案》,决计将人工智能融入学校教育中。北京不仅要面向全市大中小学推广AI学伴和AI导学应用,还要建设人工智能应用的场景标杆学校,而且2025年就要建成100所。尽管这个方案中的一些提法让人觉得并不严谨,但这座城市这么敏感地让教育拥抱人工智能本身仍然让人击节赞叹。从2022年11月世界人工智能大模型领域进入发展快车道,一年多的时间就让整个人类看到了数字文明耀眼的光芒。北京市的方案等于告诉中小学教师,不论你乐不乐意,做教师先掌握如何运用 AI 辅助教学。不懂没关系,在运用当中掌握。在许多地方还在倡导学生学习要"做中学"时,北京市的中小学教师要边学 AI 边做让 AI 辅助学生学习的事了。

可能有的教师还没有意识到运用 AI 辅助教学的厉害处,但只要意识到一点就够了,那就是我们之前将知识捂住,一点一点讲给学生听的课堂教学行为,没法再维持下去。面对知识或问题,学生借助 AI 就能更好地解决,在这个时候,教师的专业性体现在哪里?我们的教学将要作出怎样的必要改变?

还是那句话,今天,我们如何做教师?

接纳拥抱新的教育观念,放弃驾轻就熟的知识教学手段,学习数字时代的教育专业技能,释放学生的学习天性。如果用更具体的话说就是,掌握知识将变得越来越不重要,我们惯常使用的背诵、记忆、刷题以及与之相伴相生的知识考试可以放弃了,教师要熟练掌握人工智能时代众多的教学辅助工具并切实运用到教学实践中,教学的要义是培养学生解决实际问题的能力,培养学生的批判性思维能力和创新能力,同时注重培养学生的社会责任感、伦理意识以满足教育塑造负责任的技术创新者的要求。还要指出的是,随着 AI 的到来,跨学科融合将成为未来教育的主要学习内容,"AI+X"将对教师的专业能力提出更高的要求。

二十世纪七十年代认读拼音都能出错的教师后来是如何消失的?拥有更多知识的教师出现了。从二十世纪九十年代开始至今,教育变革始终没停,为何我们传统的教育观念、教学行为并没有退出教育专业的舞台?因为技术及运用技术的环境尚没有达到爆炸性涌现的程度,旧有的知识结构与知识能力不能够被彻底替代。现在,替代传统教育内容与教育行为的技术正疾速向我们迈进,传统的中小学教师所面临的境况与七十年代教授我拼音的乡村教师后来面临的窘境非常相似。此时,需要我们思考如何适应时代要求的时候到了。

如何做教师呢?二十世纪七十年代是教给学生知识,八十年代是教给学生知识,九十年代不仅要教给学生知识还要教给学生运用知识的技能。二十一世纪以来,国家实行与世界现代基础教育接轨的教育策略,我们在理念的表层逻辑上接受了,但在具体实践上又不愿放弃授受式的古老传统,始终在内心屈从知识目的的文化观念,以致现代教育理念与生存文化传统混杂交织在一起,使得二十年来的教育变革之路始终走得步履维艰。现在,人工智能浪潮可能会以海啸级的能力扫荡我们对传统教育的固执,就像我最初接受教育的七十年代一样,新的教育环境会以不改变观念和行为就改变人的无情,教育教师如何做教师。

理解教育未来巨变的必然性,拥抱 AI 时代的教育,学习新的专业技术,实践新的教学内容与教学方法,是我们今天做教师的唯一途径。

人工智能下的教育

我们几乎听到了 AGI 的呼吸声,还要反复地让学生操练下去吗?

2024 年 9 月 24 日,OpenAI 的 CEO(首席执行官)山姆·奥特曼(Sam Altman)在其个人社交平台 X 上发表了一篇题为《智能时代》(*The Intelligence Age*)的长文,极短时间内引发了超过百万次的观看。在这篇长文中,山姆·奥特曼将我们现在所处的时间称为"智能时代"的黎明,深度学习算法的成功是这个新时代的催化剂,他认为人类可能在几千天内实现超级智能。有人将奥特曼所说的几千天内理解为十年内。

要理解奥特曼的这个预言会给人类带来多么巨大的震荡,须先弄清楚三个概念:AI、AGI、ASI。AI 就是我们说了几年的"人工智能",机器能展现出类似于人类智能的能力,包括学习、推理、自我修正以及解决复杂问题的能力。比如我们已经提了好几年的自动驾驶、人们都能看到的智能家居（如扫地机器人）等都是。在现实生活中，AI已经极大地改变了我们的生活方式。而AGI则是"通用人工智能"，它是能够像人类一样理解和处理各种智力任务的人工智能系统。AGI不仅能够学习新知识，还能进行抽象思考、逻辑推理和创造性工作。AGI能够应对各种复杂情境，具备常识和道德判断能力。简单说吧，AGI就是与人一样的"机器人类"，人能怎样AGI也能怎样。从逻辑上说，人有恶人，AGI也会有恶AGI。特别是恶人掌握了AGI技术，那将是人类更大的灾难。因此，人工智能的未来是人类的伦理问题和哲学问题，如何防范其未来不往危险的方向发展是一个伴随技术发展亟待讨论的重大命题。所以，近年各种各样的人工智能安全会议不断在召开，比如2023年11月1日至2日在英国举行的人工智能安全峰会，2024年11月20日至21日在美国旧金山召开的人工智能未来安全国际会议，2025年2月10日至11日在法国巴黎召开的人工智能行动峰会等等。我们都知道人类是碳基生命，有人将AGI称为"硅基生命"，这个"硅基生命"在未来不被碳基生命中的极端人物所利用是一个严肃的话题,但目前,AGI即通用人工智能仍只是一个理论上的概念。就是在这个时候,奥特曼说ASI即"超级人工智能"有可能在未来几千天内实现。ASI之所以被称为"超级人工智能",是因为其在智力水平上远超人类,尤其在自主学习、创新能力和问题解决能力上将展现出前所未有的优势,人类将远不能及。这个被称为ASI的"异人类物种"不仅能在各种复杂任务中表现出色,还能在未知领域探索新的可能性。如此,我们就能明了,AI属于狭义人工智能或者初级人工智能,AGI就是与人类智力水平相当的智能,ASI是超越了人类智力水平的智能。现在,山姆·奥特曼所在的OpenAI研发的目标是AGI,在AGI还没有实现的时候他又指出ASI会在不太长的时间里就要实现。且不管ASI多么超越人类,奥特曼的长文应该让我们意识到,在人工智能领域,我们几乎已经清晰地听到了与人类智能同水平的AGI的呼吸声,它们正以更短的时间无声地向人类疾速推进,我们会在非常非常短的时间内与一个个同人类一样拥有道德判断能力的"异人类智能人"相处。

这篇文章并不是针对人工智能,而是想根据人工智能发展的态势给出另外一个推断：世界范围内的教育将会发生翻天覆地的变化，教育的内容、教育的方式都是我们目前还不可想象的。尽管不可想象，但我们能够作出的判断是——知识将铁定不会是教育的重点，甚至不会是教育的主要内容。与此形成巨大反差的现实教育场景是什么？想想我们基础教育的现状，想想我们的中小学校，想想我们的中小学校的课堂教学，每一个从事教育的专业人员都会有不轻松的结论。在我们这里，甚至有大量不允许学生在课间离开教室只能待在课桌前做作业的事情发生！

抛开人工智能不谈，即便面对知识的学习，我们的教育方式都要认真讨论反思，如今连 AGI 都要与我们共同生存了，我们的中小学课堂还要死记硬背，还要疯狂刷题，还要早六晚十一吗？

人工智能浪潮下，教育需要重新检省、研究我们的课程框架、课程内容、课程实践方式了，基础教育的每一个从业者都需要停下脚步，为自己从事的职业认真思考未来。

父母需要教育

有些父母正在成为这个时代里危险的教育分子。他们需要反省的是,自己的教育目的正在对孩子的未来带来数不尽的伤害。

有人把教育区分为家庭、社会、学校三个类别。社会教育更多强调的是环境和一个人在社会生活过程中被社会施加的影响;家庭教育即为父母的养育,自然,家庭环境影响也是父母养育的一部分;学校教育主要是智育,是用知识唤醒一个人心灵和智慧的生长发育。不过,这里说的教育,意义很狭窄,谈的是作为专业的教育以及由此面临的问题。

教育作为专业来讨论,在我们这里是近二十年的事,在此之前,大家都没有这个意识。没这个意识之前,教师常自称也常被称为教书匠,就像社会将修鞋的称为鞋匠,做木工的称为木匠,剃头的称为剃头匠,砌墙的称为泥瓦匠,扎纸篓子的统称裱糊匠一样。这种称呼只强调技能,多少有些不被尊重的意思。没有人听过医生被称为"医匠"的,仅这一点就可看出相当长的一段时间内教育的社会地位。这不能责怪社会,也无法怪罪传统。从现代教育的专业定义出发,只有专门的教学技能是不能被认为专业的,就像《庖丁解牛》里的庖丁,其宰杀牛的技术再好也只能是上乘、上上乘的技艺,而非专业的行为。教育作为专业如何理解?它既有具体学科专业技能的基本要求和境界追求(这一点与传统的各种"匠"类似),如不断提升自己的学科教学能力和教学水平,同时又有一般行业没有的"专业"要求,如教育的国家标准,教育的文化定位,教育管理的原则,教育实践的环境,教师的身份认同等等。教育作为专业,不是一个简单追求行业技艺的职业,而是一个复合性极强的职业,犹如医生这个职业的特殊性。医生这个职业面对的还只是物质的生命,教师这个职业面对的是物质与灵魂的双重生命。这个专业是一个持续的努力过程,需要复杂的系统支持,但教育的专业性不需要专业之外的人干预,更不要说过度干预。

　　从这一点出发,今天的父母特别需要教育。其一就是让父母理解并能明白学校教育是教育者的专业生活，学生来学校并不仅仅为了知识，或者说知识不是目的，生命的健康成长才是目的。如果作为父母，将孩子送到学校就是为了让他学知识，而且这个知识又只是为升学服务，那父母需要警惕，自己的目的可能会给孩子带来伤害。这个伤害有时是显豁的，更多时候是隐性的，任其发展不会有好的结果。不幸的是，目前学校教育面对的最大问题就是很多父母送孩子进入学校的目的简单而唯一，即考大学、考好大学。其二，教育既然是一种专业生活，非专业的人包括求学者的父母，作为行业外的人不能也不应干预学校和教师的专业工作，就如我们不可能去干预医生如何开药、怎样手术一样。现在，让所有从事专业教育的人都头大的事是求学者的父母对学校工作和教师教学的过分干预。当年，当南京的家长在高考期间自发封闭道路，要求学校设法赶走校园树上的鸣蝉时，我们就应该警惕这种过分干预可能在未来带来的麻烦，遗憾的是我们没有真正重视，而是一任这种家长干预不断侵蚀校园。现在，只要思考一个现象就能让人看到长期的家长干预对教育生态的破坏。这个现象即遍布全国中小学校的"家委会"。今天,个别学校的"家委会"已经开始进入学校施行部分管理功能,如可以直接干预任课教师的安排,可以决定学校的排课,可以决定学校订购哪些课外辅导用书,可以决定学校要不要补课、补多少课、何时补课等等。教育的专业性尊严荡然无存,表面上是家校共建提升学校的教育质量,实际上是对学校教育的极大破坏。家长们的集体讨论就可以决定一所学校的教育行为,那什么是学校呢?当我们只为单纯的功利目的、物质追求而做教育时,终有一天,这种教育无论对个人还是对国家都是有百害而难有一利。

学校之所以在这些方面作出无原则的让步,一是作为教育者没有专业坚守的意志,二是教育管理者对社会纯物质功利诉求的屈从。所有从事教育的专业工作者,以及政府部门,都有责任和义务通过全方位的综合努力促成社会对教育的正确理解,在社会中形成宽松、良好的教育环境,让学校有空间,少受干扰甚至不受干扰地从事其专业活动。解决这个问题固然有很大的难度,但不能因为做起来困难就任其发展。从现在开始,作为父母,就应该反思自己对教育的理解,进而修正自己对孩子接受学校教育的目的；作为学校和教师，一方面要坚守自己的职业使命，一方面要积极对家长进行正面的引导以帮助他们少干扰自己的专业作为；作为政府部门和教育的直接管理者，要通过具体有效的行动在社会中尽快形成正确的教育价值观，营造真正能为人的成长提供帮助的教育共识。

关于教育作为专业的话题，有些家长可能也有说不出的无奈，因为他们经常接到学校或者教师的信息，让自己成为孩子知识学习的一部分。这是另一个话题，是关于学校与教师怎样的行为才是专业行为的讨论话题。父母在这则短章里要接收的信息是：教育是一门专业，应由专业的人去行使自己的专业职责，作为家长尽可能不去干预学校和老师对孩子进行的智育。

由辛纳演讲想到的

选择自由比任何东西都重要。

2024年1月28日,22岁的意大利小伙子辛纳在澳大利亚悉尼网球公开赛男单决赛中,击败赛会3号种子梅德韦杰夫,拿下自己生涯首个大满贯冠军,捧起了诺曼·布鲁克斯挑战杯(Norman Brookes Challenge Cup)。这是辛纳首次进入世界四大网球公开赛的决赛,第一次进决赛就超级励志,在0:2落后时没有放弃的辛纳,及时克服首进大满贯决赛的紧张情绪后,连扳3盘逆转问鼎了澳网,成为第一个夺得澳网冠军的意大利人。竞技赛场上,这样的故事常常上演,不足为奇,但是赛后辛纳在颁奖典礼上的演讲却让人感慨不已。

在颁奖典礼上,辛纳说:"特别要感谢我的家人,我希望所有人的父母都可以像我爸妈一样,因为他们总是让我自主选择,即便在我还很小的时候。我以前还尝试过其他运动项目,他们从来没有给予我压力,我希望这样的选择自由也能属于其他的孩子……我要感谢我的父母。"显然,夺冠后的辛纳内心是激动的,他除了像其他网球运动员一样表达对团队、教练、球迷、家人的感谢外,还特别说出了一个愿望,希望所有人的父母都可以如自己的父母一样让孩子拥有可以自己选择的自由。这是辛纳的愿望,也是辛纳对父母的感谢之辞。了解辛纳这位网球选手的人都知道,辛纳在演讲中谈到的其他运动项目指的是高山滑雪和足球,他在13岁之前一直从事高山滑雪运动,8岁就夺得同年龄组意大利全国高山滑雪大回转的冠军,2012年他又获得同年龄组全国高山滑雪大回转的亚军,14岁时决定放弃滑雪,离开家追逐自己的网球梦想。从滑雪、足球到网球,辛纳的每一次选择父母都没有干涉,全给了辛纳自己选择的自由。辛纳在演讲中说,"他们总是让我自主选择",得益于这种自小就拥有的选择尊重,辛纳不仅很早就找到了自己内心真正喜欢做的事情,而且年纪轻轻就练就了选择的能力,拥有了稳定的情绪能力。看看辛纳选择网球的理由就能明白,他说:"我总是喜欢做决定,但在足球这样的团体项目中是行不通的。至于滑雪，你要以最快的速度在一分半时间内下山，如果犯哪怕是一个错误，你就出局了。但网球不一样，就算你犯了一个错误，你继续打两个半小时也没有问题，这就是我选择网球的原因。"条理清晰地做出选择网球为自己的职业决定时，辛纳才14岁。

想一想，我们在自己的14岁时有无选择的机会，我们的父母有无给过自己子女选择的机会。这里的14岁当然不是实指的14岁，而是未成年的整个青少年时期。听辛纳的演讲，你会惊讶他很小就自己思考，自己选择。但我们更惊讶的是他的父母给了他选择的自由。辛纳选择网球完全出于自己内心对这项运动的热爱，我们和我们自己的孩子何时有过因为自己内心真正喜欢某项事情而有机会去实践？辛纳在冰雪项目上已经取得非常优异成绩的情况下，却依然选择网球从头开始，而他的父母竟然全程支持，完全不干涉，我们有多少父母能够这么做，将决定权完全交给一个未成年的孩子？

辛纳在演讲中的腼腆表情甚至都还有些青涩，但他诚挚的语言和充满爱的表达让人感受到良好的家庭教育带给一个人的成长作用是多么巨大，这是一种温暖的鼓舞和决定性的力量。决赛中,辛纳对情绪的控制和困境下的坚持给人留下了另一种深刻的印象,其源源不断的动力,踏石留痕的击球方式,都显现着一个年轻人对网球真正的热爱。如果没有父母的尊重,如果没有父母给予孩子选择的自由,怎么会有今天的职业网球选手辛纳呢?这是一个真正懂得爱的家庭,也是一个真正懂得何为教育的家庭。

辛纳的故事和辛纳的演讲应该让我们明白,真正的爱是父母让孩子拥有选择的自由和拥有由他自己做出选择决定的权利。在现实生活中,对孩子的教育,父母常犯的错误是忍不住地关怀,而且是凭自己人生经验的关怀,认为可以理所当然地要替孩子做决定,即使孩子有了甚至表达了自己的选择意愿时,父母也根本放不下自己的"忍不住"。这固然与文化的传统有关,但最根本的还是与父母的认知有关。很多父母会强调生活现实的需要与生活经验的重要,但辛纳 8 岁、12 岁时取得的成绩既是现实也是经验,他的父母所做的决定却是——选择是自由的,决定权在辛纳。这才是有价值与意义的爱与关怀。辛纳的父母形象地演绎了何为教育:让一个人成为他自己。

　　辛纳的演讲还让人想到另外一个问题，与辛纳的父母不同，多数中国父母在对孩子的教育问题上存在一个传统误区，就是不论孩子做什么选择，家长支持与否，结局一定要成功。这恐怕也是家长不准孩子自由选择的一个重要原因。我们没有将生命定义为有意义的经历和过程，而是将生命的价值与意义定义为成功。人生应该成功的文化心理诉求，让儿童和少年选择自由的理念步履维艰。

　　这种文化心理和认知能力，近年来已将教育内卷到了没有呼吸的程度。

　　在本文一校的过程中，辛纳又获得了 2025 年澳大利亚网球公开赛的冠军。在本书就要付印的时候，又传来辛纳因药检阳性被禁赛三个月的消息，原因是他接触到了违禁药物。一时间，辛纳成为网球世界内外有争议的人物。我个人的观点是，辛纳如果是无意违禁，如此处罚也就够了；如果是故意违禁，就应该追加处罚；如果情况非常复杂，牵扯到网球界内部利益纷争或者商业利益运作，就不单单是法律的问题，还有网球这项运动是否继续存在的道德问题。无论实际情况如何，与本文倡议的家庭教育原则并不相悖。补记如上。

未来的教育

何谓未来？"未来"是对"现在"的颠覆。教育亦是。

在聊或者说想象未来的教育之前，我们必须先要聊聊未来的社会可能是个什么样的社会。

无论现在有多少人出于人类理性表达了对未来社会的担忧，人工智能的迅速迭代带来的未来已经隐约呈现在人类眼前。我习惯将这个未来称为数字文明时代，但更多的人将其称为数智文明。好吧，它被称为什么并不重要，重要的是这可能会是一个新的文明形态。如果按人类自身理想的理性想象，这个未来社会将是"技术＋人文"深度融合的智慧社会，人类的创造力、情感与伦理思考将与 AI 的强大计算与执行能力相互补充，共同推动世界走向智能、创新与包容的文明。有人将这个理想的社会形态叫作"类人"社会，听起来似乎人类转了一个圈子又回到了原点。

我们当然知道这不是人类的原点,而是新的人类文明形态。如果我们将那些不确定性的危险系数设置为0,一切都是美好的欲望和美好的设计的结果,那么,这个"类人"社会具体会是什么样子?

在现有的人类智慧看来,这个数智文明将因AI呈现出新的社会空间、新的组织方式和新的社会行为主体。用一句通俗的人类语言表述就是碳基人将与硅基人共同拥有这个智慧社会,人类今天普遍的行为准则和行为方式会被形塑,新人类会更加注重技术、制度、文化和道德的协调发展。如果用再通俗的人类话语表达就会挂一漏万,一定要描述,就这么来理解吧,碳基人与硅基人和谐共生,碳基人提供"点子",硅基人解决"问题"并发现碳基人发现不了的美好,新人类将存在于无限的美好文明中。

未来如此的话,人类今天处在什么节点上?有人清晰且缓慢地告诉你:奇点,或者奇点临界。

尽管有人在大肆宣扬AI的到来意味着教育的终结这样耸人听闻的论断,其实这只是为了吸引眼球的胡说。

文明的属性决定了文明在教育就在,即使未来的AI不再是工具了,教育也将存在。那未来智慧社会中的教育会是什么样子?综合当下流行的普遍的人类猜想,归纳起来,教育在未来将在六个方面呈现重大的变化。一是教育将从传统的"师—生"二元教学结构转变为"师—机—生"三元互动模式。不要误读这里的"师—机—生",这里的"师"是拥有人工智能素养和能力的教师,更多起到搭桥、参与的作用,未来的教师要与"机""生"单独或者同时互动,作为一个职业,教师在越发专业化的同时将会变得更加重要。二是个性化学习将成为学习的主流。教育中的智能系统将充分了解每一个学习者的学习习惯、学习兴趣、学习能力和实际的学习状态,从而适时制订出个性化的学习计划,将碳基人的学习彻底个性化,每位学习者都将因为在学习过程中极富成就感而对学习充满了无尽的兴趣。学习过程是一个真正让人收获快乐、意义和幸福的认知提升过程。三是学习的时空限制不再存在。虚拟现实(VR)和增强现实(AR)技术将为学生提供沉浸式学习体验,学生可以通过技术"亲历"远去的时空或者探索遥远的未来,学习边界被完美地拓宽。四是学习的意义将被重新定义,碳基人类接受教育是为了更完美的自己和"新人类"社会,终身学习成为常识和常态。我们今天熟悉的"毕业即完成教育"的模式会过时,教育或者学习将贯穿人的一生。五是教育将更加注重生态意识和自然教育。这里的生态意识不仅是我们通常理解的自然生态,还包括社会生态、人机生态甚至宇宙生态;由于技术的发展,自然环境不仅会成为一般意义的学习场所,还将培养学生对自然的真正敬畏和充分尊重。学习方式和学习目的的变化,将学习者的学习与自然环境紧密关联起来。六是教育将是一个边学习边创新学习的过程。随着技术的不断创新发展,教育手段与教育内容会不断发展变化,并会在自身发展过程中成为创新学习手段和学习内容的重要力量。

如果我们猜想得更具体一点,在最近的未来,基础教育会是什么样子?比如我们以十年为一个时间周期,今天是 2025 年,2035 年的世界,基础教育会是一个什么图景?

学校应该还存在,但学校内部的结构一定不是现在的样子,技术的发展将会让学校成为一个智能化的学习场所,这个场所配备有先进的信息技术设备,实现了教学、管理和服务的全面智能化。学科概念会淡化或模糊,课程内容更多以项目学习的形式存在,知识基本是在项目学习中得以确认和掌握。教学方式或学习方式因 AI 的介入会发生颠覆性变革,教师的专业责任会被重新定义,学生的学习会有个性化的设计与规划。尤其我们的基础教育评价,不再可能是今天的样子,对单一考试成绩的依赖将成为历史。对个人来说,学习不再是知识的获取,而是伦理思考与道德体认。

未来,学校仍然可能存在,但学校的概念与存在的形式可能与今天大相径庭,它可能是一个变动不羁的虚拟空间,也可能是自然界的某个场所。年级将不复存在,班也将不复存在,学生将打破年龄界限以不同的方式组合成学习共同体,这个学习共同体并且会不断解构和结构。不会再有严格的学科界限,所有知识都是在项目实践中获取,学习方式得以彻底改变,学习过程中会有创造性的认知不断出现,教育再不是现在这般对旧有知识的再确认、反复确认和熟练确认。最最重要的是,我们接受教育的目的将不再是功利性的,这一点类似曾经的百家争鸣时代。

有了以上的想象或猜想后,我们思考一个问题,如果这种基于AI技术的未来教育成为现实或者部分成为现实,它会解构什么?

答案显而易见,今天我们所熟知的教育生态将被解构。有人可能会有疑问,真会如此么?我的结论是肯定的,当然这要看AI的发展,照目前AI发展的态势,人们有些前瞻性的思考或想象或许不准确,但大方向和基本内容一定不会错。早在2014年,埃隆·马斯克就因为不满意传统学校只能让孩子学会很多知识却不注重培养解决问题的能力而在SpaceX园区内创办了Ad Astra School①(Ad Astra源自拉丁语名言"Per aspera ad astra",意为"历经坎坷,终抵群星"),将自己的5个孩子和SpaceX员工的孩子共20名学生放在了这所学校里接受更创新、更自由的教育。这所充满探索意味的学校旨在为学生提供一种全新的、更加贴近未来需求的教育模

---

① 2020年,更名为Astra Nova School。

式，注重个性化学习和实践能力培养，要求家长积极参与学生的学习过程，不分年级，课程模块化并实行动态调整，课程内容重点强调科学、技术、工程和数学（STEM）教育，比如学生可能通过建造太阳能装置来学习相关原理，彻底颠覆旧有的知识学习过程。因此，在 Ad Astra School，兴趣和能力决定了学生所在的课程模块或者学习项目。2021 年，学校由加州的 SpaceX 园区迁至得克萨斯州巴斯特罗普，2025 年，Ad Astra School 首次面向全球招收 21 名 3 至 9 岁的儿童入校学习，一场全新的学习方式即将在一所微型精英学校先行一步。我们离这场有形有声的基础教育大变革距离能有多远？

无论你接不接受，也不论你理不理解，人类的未来会因 AI 的突破成为一个新型的文明，尽管它充满了太多的不确定性，但如今似乎已经没有什么力量能够阻挡这个数智社会的到来。与这个社会相伴而来的是崭新的我们今天只能猜想出大概轮廓的人类教育图景，而与世界相比，我们自身的基础教育将会被颠覆到连今天的影子也看不到，我们熟知的念念不忘的风行的那些计算，那些名句默写，那些时间节点的记忆，那些概念的确认，那些固定结论的阅读理解,还有那些文言实虚词的使用等等,都将烟消云散,不见踪迹。自然,我们今天所有人都耳熟能详的做题做题做题,也将不复存在。未来的教育,将会对我们今天的这些教育行为感到莫名其妙。

数年前,曾经在一个场合有机会与主管国家考试命题的负责人对话,谈到未来高考命题的变革,我建议要加快变革的步频、加大变革的步幅,教学改革的窗口就几年,如果考试变革不坚决,命题进进退退,国家课程变革的未来就不乐观。说这个话时距离人工智能这个大众话题尚远,现在看,这种建议在 AI 技术背景下已经没有什么意义。基于 AI 的发展态势,从课程理念、课程结构、课程内容到课程实践和课程评价,我们恐怕亟待一场加速的新变革。今天的教育者和学习者都在消费知识,没有创造知识,这种基础教育的实践操作,应该让位于未来需要的教育。十九世纪九十年代中期到二十世纪初年,我们的现实教育曾经一度陷入窘境,那次的教育窘态是现代教育或者现代知识对我们旧有教育体系的全面重创,这直接导致了 1905 年国家主动废除延续了一千多年的科考制度。现在,巨大的新冲击波从当年的欧洲大陆移到了北美地区,或者更准确地说是从全球各个角落包括我们自身,都向我们的基础教育发出强力警告,AI将以我们尚不清晰却笃定的方式给教育带来颠覆性的强制变革,会以海啸级的力量改变我们对教育的理解与认知。

心理学上有句流传很广的话:废掉一个人最简单的方式,就是让他拒绝接受新鲜事物。所以,凡是跟教育有关系又有兴趣的人,对未来的教育思考吧,思考的过程就是重塑你自己。对教育职业者来说,基础教育的未来,更需要思考创新和拥抱未知。

第二辑 有所为有所不为

教育者应该有所不为
学校要捍卫教育常识
教师作为职业
去先锋书店
想到《病梅馆记》
ChatGPT、学科教学及其他
由教学《论语》二则想到的
越界的父母
没有人能替代自己的专业发展

教育者应该有所不为

作为施行教育行为的父母及教师,要懂得教育应该有所不为。

作为父母,孩子的教育我们如今似乎都是奔着最明确的目的去的,比如考个好大学。如果只是做到这一步,我们就没有尽到父母的责任。可惜的是,我们大多数人甚至都做不到这一步。

父母们可能并不承认这个判断。其背后的逻辑是,考上大学后就可以找个好工作,有了好工作就有好的(物质)生活,人活一世不就是应该过好的生活?这个目标有问题吗?不明确吗?

可是,我们还应该再问一个问题:何为好的生活?学者陈嘉映为此有过专门论述,用一本书《何为良好生活》来回答,有兴趣的人可以找来读读。不谈抽象的道理,关于孩子教育的目的,我们只要在以上的问题里想,我们能不能接受一个人这一辈子只为吃、吃好、好吃而活着？如果接受,那就为这个目的而教育孩子吧。如果觉得除了物欲,人还需要精神心灵的满足,且不说精神生活的深层次问题,那我们之前的那个考好大学有好工作有好(物质)生活的目的就是可以讨论的。拥有富足优渥的物质生活这个目的其实并不明确,应该好好检讨。

我们没有讨论的另外的问题是,现在父母的教育手段是否就能让孩子考上好大学？考上好大学是否意味着就有好工作？这些问题的背后都隐藏着非常复杂且不确定的因素。父母们大多不会想这些问题,但这些问题确是需要他们思考的。在学校,在社会,一些教育观察者正在密切关注由于父母过度干预孩子的教育而引发的一些严重问题,过长的学习时间、过重的学习压力正在伤害从小学到高中的未成年人,心理问题已经成为他们严重的负担。现实的情形非常不乐观,但父母们对此的态度给人的印象却是——事情没有发生在我(孩子)身上,我们就离这个问题很远。这很危险,不能再这样下去了,生活中单一的教育目的及教育作为需要父母们深刻反思。

还是说回教育目的。如果我们是勇于承认错误的父母,就要接受一个事实,我们或许从未认真思考过对孩子施行教育的目的到底是什么。学生在最初接受学校教育的过程中,他自己自然不会清楚未来是什么,自己需要什么,如果他的父母也不清楚,这就会是一笔糊涂账。这个时候需要专业的教育者头脑清楚,如果教育专业工作者再不清楚,就会有第二笔糊涂账。两笔糊涂账又相互缠绕的话,教育就会变成很麻烦的事。

麻烦的是,教育真遇到了麻烦。

父母把孩子送进学校并没有明确的目的的危害,是会直接导致知识目的,并且最后为了这个知识目的(其实背后还是物质欲望)会采取非教育行为的行为,更要命的是,一旦形成群体共识,这种目的会导致非教育行为越来越离谱。由于知识目的表面上具有正当性,为了知识的获取,我们很可能最终会滑向为达目的(欲望)而不择手段的境地。如今各式各样各种门类的知识学习,没完没了无休无止的补课,就是父母对孩子教育犯下的过错。假如孩子出现了心理问题,作为父母的我们不能无动于衷,要好好检讨自己的教育行为是不是正当的。"为他好"不能成为我们走向教育反面的正当理由。我们是今天最应该接受教育、反思教育、追问教育目的的一代父母。

教育为人而不是知识的常识何时淹没的？我不是教育史研究者，难以说清。但知识改变命运的确在历史上发生过，渐次演变为国人接受教育的唯一动机，成为至理，被奉为圭臬。孔子也好老子也罢，在我们教育文化的源头，教育的目的并不是知识，孔子主张培养德才兼备的君子，老子主张培养自然人，无论是孔子说的"博学以文""约之以礼"还是老子说的"道法自然"，教育的最终追求是人而非知识。我们今天为知识背后的物质功利性诉求显然放弃了人之为人的道德理性。

今天的教育者有两类，一是父母及社会，一是专业工作者。作为教育从业者，有职业责任修正父母教育中的错误，在为知识目的的大潮中，父母们本身就是需要教育的对象，需要教育专业者认真修正。遗憾与尴尬的是，教育从业者不仅没对这类父母的教育进行纠偏，反而加入了他们的"合唱"，为了知识目的而同频共振了。举一个例子，如今几乎所有的城市学校都有家委会，有的家委会甚至能对学校的具体教育管理行为直接干预，连哪位教师任教哪个年级都能决定,连学校何时放学补不补课都能决定,在一众家长的要求下,学校的唯一任务就是让学生升入大学,升入尽可能好的大学。家长们不清楚的是,在他们的要求下,教育已经异化为对碎片化的知识和知识点的盲目追求。即使国家已经从考试评价开始极力引导教学转型,然而学校由于对崭新评价的无所适从反而加大了应试教育的训练力度。教育从业者对教育的理解,对身份意义的坚守,对"父母"群体干预的屈从,都加大了今天国家育人模式转型的难度,也增加了学生在接受教育的过程中的痛苦体验。即便是知识的学习,我们今天也走向了它的反面;即便是为知识的目的,我们也已经面临南辕北辙的风险。

所以,教育要有所不为。父母不唯功利,教师不唯知识。家庭、社会、学校只为人,为了更好的人。我们须向古人学习,向世界学习,才能真正树人立德。

学校要捍卫教育常识

常识是这个世界最难捍卫的东西之一。

有人看到这个题目可能会莫名其妙,既是常识,何来捍卫之说?既是教育常识,学校自然会做,为何还要强调?举个例子,公共场合大声喧哗是教养欠缺的表现,这个常识要让某些人明白还真是个事儿,交通规则要遵守倒是容易让人明白的常识,可是能不能遵守我们心里都明白。所以说,虽是常识也并非所有人明白,明白了也未必愿意践行,这是生活告诉我们的判断。至于说到教育常识,情况可能更不乐观。

一个人在十八岁之前,接受的教育主要来自家庭和学校,现在看,这两个教育的源头都存在非常严重的问题,最大的问题就是对教育常识的忽视和破坏。什么是教育常识?或者说教育常识有哪些?无法下定义也不可能一一罗列清楚。教育是培养人的活动,凡是与人的成长有关的常识都属于教育常识。自二十世纪九十年代初期开始教育渐渐变为以升学为目的的教学后,教育常识就越来越远离实际发生的教育。比如今天我们谈儿童成长,儿童成长的要素很多,但其中父母陪伴和游戏是最重要的家庭教育行为,这个常识有多少人知道?知道了又有谁懂得去践行?再如,尽管学校教育都强调素质教育的重要性,但今天还有多少学校敢说自己不是以知识灌输为学校教育核心任务的?从人成长的根本性视角去审视,我们不要说进行知识灌输教育是错误的,我们即便是以知识教育为目的都是错误的,一个人来到学校接受教育,其根本目的不是学习知识,而是拥有智慧。对学校来说,这就是常识,但这个常识有多少教育职业者明白、牢记并切实遵守、奉行了它?所以,在家庭教育和学校教育上,我们都存在很严重的问题。

家庭教育缺乏对常识的尊重,原因多种,家长们最能拿来辩驳的是:不能让孩子输在起跑线上。于是我们就看到了种种违背基本教育常识的父母行为,我以为这是社会生存焦虑在儿童教育情境中的当然反映。社会以其强大到不可阻挡的力量裹挟着以家庭为单位的社会个体进入到一种焦虑情绪中。为未来生存计,父母们在孩子教育问题上几乎恐惧地做着一切他认为当做的事情,参加各种营,进各种班,补各种课,当然还少不了更疯狂地择校。在无数父母眼里,说教育常识等于废话,最实际的是孩子的学习成绩能否考上重点小学、重点初中、重点高中、重点大学、重点大学的热门专业,在考上理想的学校之前,所有的与学习成绩相冲突的话都是废话。在这样的家庭群体面前,学校应当做何样的选择?是遵循基本的教育规律,还是迎合家长违背教育本质的焦虑诉求?

学校之所以是学校,就在于人需要教育,通过学校教育,由个体组成的社会可以向更和谐的文明方向发展。说到底,学校教育应该是生命教育而非知识教育,这也是印度思想家克里希那穆提所强调的人来到学校重要的不是学习知识而是获得智慧的根本原因所在。然而,我们当下的一些学校教育行为违背了学校存在的本质意义,把学校丰富的教育内容窄化为知识灌输,且灌输的唯一真实目的是升学考试。在强大的家长群体或者说社会化的焦虑生存诉求面前,学校教育自二十世纪九十年代初始一步步退让到今天的分数教学和考试教学。我们把知识一股脑儿地塞给学生,逼着学生死记。记不住怎么办?反复操练!难道不是这样吗?我们让学生背概念,背公式,背试题,背范文,逼着学生照葫芦画瓢且不理解也要熟练地画瓢。随便往学校看一眼,我们就能看到无数违背基本教育常识的行为,比如校讯通让家长成为学校课堂教学之外的学习监督者,学校在周六周日组织的各种兴趣班,各种拼死拼活的学习口号,微信朋友圈各种考试成绩的喜报,各种媒体上的学校宣传……这些已经司空见惯的事情如今少有人觉得它们不正常。有学者认为,学校该做而且只做两件事:打开经验世界和发展抽象能力。我们的确在做打开经验世界的事情,只是打开的方式已经让打开本身失去了意义。至于"发展抽象能力",这是学校教育目前很难完成的教育任务,原因是我们在打开经验世界的同时就破坏了学习者"发展抽象能力"的各种可能。

所以,真正为未来计,真正为了人的成长与发展,学校就要有足够的勇气面对来自社会和家庭的巨大挑战,让教育常识回归学校教育,这是学校作为专业场所的责任。一个被称作学校的地方,教育常识都无法遵守和践行,无论如何是不能被人接受的。学校教育从业者要从教育的伦理出发实施自己的教育行为,而不应该迫于学校之外的因素丧失自己的职业精神和职业价值立场。所以我说,在当下,学校亟待捍卫教育常识。

教师作为职业

对职业理解的不同,可以导致千差万别的职业行为。如果发生在教师身上,那是可怕的。

教师作为一个职业,该如何理解它?

这个问题是2005年华东师范大学的胡惠闵教授来锡山高中讲学时我忽然想到的,她当时给全校教师作《学校本位的教师专业发展》报告。学校艺术楼剧场有700个座位,当天区内其他学校的教师也赶过来听课,整个会场挤得满满当当。我在现场,第一次知道"教师专业发展"这个概念,第一次听到"学校本位"这个概念,第一次意识到自己过往16年的教学行为并非都是专业行为。

2005年,我已经38岁。以现在的眼光看,任何一个行业的执业者到了38岁,都应该是一名成熟的职业者。但那个时候的教师不是,没几个中学教师有教师专业概念,如果将何为一个好教师作为问题抛给老师们,大多数的人会以把书教好、让学生喜欢自己的课、让学生考出理想成绩作为答案。那天下午听了报告,我才逐渐意识到,把书教好不是凭主观与经验,而是有专业标准;一个老师的课即便学生很喜欢,但也不代表这位教师的教学行为是专业的;让学生考好固然是教师的职责,但考什么、如何考更应该是教师的专业要务之一,当考好成了学生唯一的求学目标或者教师唯一的教学追求时,教师可能恰恰没有了自己的专业身份意识。作为职业,教师与医生一样,都要特别讲究专业能力,经验只能成为教师一生专业发展的资源而不应成为教师从事职业行为的依据。

  有这样的体认并不容易,两个小时的学术报告犹如一个皈依者在山林的小路上听到晚课的钟声,只是一种醍醐灌顶式的警示,并不是专业的最终觉悟。那场报告后,我开始在书里寻找关于教师专业的阐释,在实践里尝试教学的另一种可能性,空了的时候琢磨如何观察并理解这个职业。有人一直反对自二十一世纪初年开始的基础教育变革,近年似乎反对的声音又有增大的趋势,但平心静气、实事求是地观察,2001 年正式启动的这场基础教育改革在经过二十多年的辛苦探索后,实践课程的理念已经成为教育行业的共识,学生学习的观念已经被业界接受,教学是一种专业操作不会再被反对。彻底转变科举制度兴起后一千多年的教育模式注定是一件非常困难的事,教师的职业作为受文化传统、实践经验、职业惯性、社会环境……的客观性制约,有今天的变革成就已经非常了不起。我们来说一个鲜明的例证,生活中大多数的人明明知道高温油炸食品于健康很不友好,但油条在城市和乡村依然卖得火爆,而我们推广普及健康的饮食知识却也有几十年了。这个例子与我们的教育变革在许多地方都非常相似,传统在维持一种固有的习惯时,力量超乎想象地巨大。

在今天,随着新理念被更广泛地接受,教师这个职业应该尽早挣脱传统中的某些思想的束缚,让职业的专业化程度更高。假如我们从职业专业化的角度仔细思量,教师作为职业对我们从业者的要求会有哪些特别重要的内容?

用国家的课程理念实践学科教学应成为教师从业最重要的内容。以语文学科为例,国家的课程理念是立德树人、素养为本、实践性学习和构建开放、有序、多元的课程体系，其核心的要义就是用开放、有序、多元的课程体系，通过实践性教学，让学生形成语文核心素养，从而实现语文学科立德树人的根本任务。在这个总课程理念下，语文学科的三个学段实践承担了不同的课程任务内容，语文教师要做的就是以国家课程理念要求的方式去实施课程内容。同理，任何一个学科课程的实践都应是国家课程理念下的课程实施。

实践性学习应作为教师从事课程实践的唯一方式。今天的课堂，教师仍然习惯性地讲讲讲，这是不对的，虽然讲授是传统教育中最重要的执业方式，但今天一定要放弃掉，要让学生的实践性学习成为教学的唯一方式。尤其近年人工智能的发展态势，更应让我们警醒，教学方式不改变，作为教师，职业责任就是没有承担。

教师这个职业中的每一个人，其实还要懂得专业评价是怎么一回事。各种各样的原因吧，如今教师专业实践中有一个重要的专业缺陷，就是多数教师缺乏专业评价能力。一说专业评价能力我们就容易想到教师的专业命题能力，其实如何准确观察并给予学生恰当的过程性的学习评价也是教师应有的专业评价能力，一名学生在课堂学习中为何给出这个结论而不是那个结论,他的依据是什么,如何在他的结论中发现并提出更好的学习建议,这也是教师的专业评价能力。教师在学生平时的阅读、小组合作项目实践等学习生活里如何给予及时且准确的建议也是教师的专业评价能力,等等。

无论如何,教师不应成为简单的知识灌输者和反复的知识训练者,在今天,这实在已经不是教师职业的专业作为。二十年前如果说它还有一丝合理的地方,随着社会的发展尤其今天全球数字时代的到来,这个职业的专业化已经不仅仅是上述内容所能包括的了,比如:在今后的教师专业教学中,如何应对人工智能对教学的挑战?这是国家教育管理者应思考面对的问题,但同时也应该是每一个教育职业者面对的专业问题。学校的组织架构是否会发生一个重大的变化?现在的课程框架、课程目标、课程内容应该重新定义吗?教师教学中的知识化处理如何与人工智能相结合?诸如此类。

作为一个职业,教师在中国已经有二千多年的历史,但真正与现代意义的教育有关联才只有一百多年。从教育作为一门科学东进,现代教育学意义上的学校在二十世纪初雨后春笋般涌现在这片大地上开始,教师职业才正式开启了由传统的经学教育走向现代学科知识教育的转型之路。在科举废止后一百年的时间里,作为一种社会职业,教师是在农业文明的社会背景上实践着工业社会的知识分工教育。或者说,一百年间我们沿用了经学教育时代的教育理念、教学传统承担了现代教育的育人使命。学校里的知识教育虽然有了专业分工,教育目标增加了国家期待,但整个社会的教育目的、教育需求和学校推行的教育手段依然停留在遥远的时代。如今,当知识教育因为数字时代的到来面临从手段到内容的颠覆,作为一个职业,教师的专业行为该何去何从,确是到了该好好思考认真追问的时候。

去先锋书店

作为教师,不能没有自己的无聊时间,更不能没有自己打发疲惫的机制与方式。

每过段时间,常是感到内心疲惫时,我就去南京五台山的先锋书店逛逛。倒也不一定买书,一般纯粹就为了去看看里面的人群,坐下来喝杯咖啡,感受下因书而起的那种静谧安心的氛围。这样不知不觉间就打发掉半天时间,同时也驱走了内心的某种不安定,说不清楚的一种情绪。这样的时候多了,连购书都成了顺手的事,变成了打发时间的一部分。

书店里有时候人多,有时候人少,但无论人多人少,我在满眼的书间或坐或站,轻松随意,有不可言说的欢喜。逢周末或假日,先锋就成了年轻人的天下,作为一座城市的文化地标,许多人来此闲逛、拍照、会客、打卡,或从老远的一座城市高铁过来参与一场文学艺术沙龙。因为书籍,摩肩接踵的人群在这里犹如大海中的游鱼,自在,安静,每个人都有自己不被打扰的世界。我常在某个角落的咖啡香里慢慢地浏览书店创始人到世界各地书店的照片,想象遥远的世界里一家书店的模样,有些图片反复看;或者在某个角落里观察年轻人的来来去去,看他们驻足书籍前的身影,瞧他们俯身细看明信片墙时的神情,甚至,有时就注视他们朝气蓬勃的年轻的脸。常感慨时光的流逝,想自己年轻时从这座城市的街头昂首走过的姿势,那个时候没有先锋这样的书店,也没有今天遍地的咖啡馆,但好在那时南京有满城的青春气息。这是两个不同的时代,先锋书店的年轻人,同样让人温暖地相信未来社会的可期待。一个生存布满焦虑的社会还有如此多的年轻人喜欢书店,再没有比这更让人欣慰的事。

我知道先锋的存在于个人的意义是不同的,它可能是一个学者十天半个月的必访场所,可能是一群年轻人爱情的见证地,可能是一个又一个远方的旅行者古城之行的目的地……在我,先锋是无所事事时的一个存在,一杯咖啡,无聊地打发时间,有时想一些年轻时的旧经历,有时看着"思想者"雕塑和文学大师们的黑白照片发呆。这就够了。这是我被静寂中的喧嚣反复折磨时必须拥有的场地,就像早些年我会在暑期跑进宜兴湖㳇山里是一个道理。

我特别喜欢先锋书店的宣告:大地上的异乡者。我们哪一个人,不是这块土地上的异乡人呢?奥地利人特拉克尔在他的诗作《灵魂之春》里用"灵魂是大地上的异物"寓意人的精神永远在寻觅一个无所在的故乡,林少华翻译村上春树随笔集《终究悲哀的外国语》,也有一句类似的话——无论置身何处,我们的某一部分都是异乡人。正因归根结底我们每个人都是大地上的漂泊者,所以我们才要被温暖地慰藉。有一天在先锋,我忽然就明白,书店就是天堂,文字就是漂泊者心灵的庇护所啊。对大地上的每个异乡人来说,书籍就是灵魂的皈依之地。我们不仅需要书店,更需要像先锋这样有灵魂的书店。

人,必须沉浸在文字形成的氛围里。

也因此,才有学校,才有教育,才有书店,才有图书馆。

一天在先锋书店,我沿着一排书架正走着,就又看到了阿兰·德波顿的那本《无聊的魅力》。"无聊的魅力",这正是我要的。阿兰·德波顿无论是在《忧伤的快乐》《机场散心》,还是在《无聊地方的魅力》里,都给我展示了如我在先锋书店一样的心理状态,所不同的是,他在无聊的地方寻找意义,我在一个适合无聊的地方无聊,我与他共同实现的是一个人内心的安顿。阿兰·德波顿从美国画家爱德华·霍普那些表现现代工业社会生活图景的绘画作品中,发现了绘画题材之外的情绪表达,而画家在作品中的情绪态度又可以与当代人的生活产生关联,画作忧伤的主题能够转变成对人内心的安慰。为了说得更明确一些,德波顿还借了书籍帮助,他说:"当我们忧伤之时,或许恰好是那些忧伤的书籍最能赋予慰藉;当我们孑然一身、孤独无依时,我们悬挂在房间墙上的,应该是那些孤零零的服务站的图片。"(孤零零的服务站是霍普现代工业社会生活画作的主题之一)在阿兰·德波顿的笔下,爱德华·霍普的绘画有了无限的人文关怀。阿兰·德波顿甚至直接说道:"我们在图片上所欣赏的,并非其表达的题材,而是其表现的格调,是通过颜色和形式所表达的情绪态度的记录。"正是画作所传达的情绪态度成了人们在特殊时间里的精神寄托。在先锋书店,如果你去注视那些文学家、哲学家和艺术家已经被定格的眼神,可能也会有阿兰·德波顿一样的顿悟和被治愈。

不止南京五台山的先锋书店有这种治愈力,南京的明城墙、遍地存在的特色咖啡馆也有,那些博物馆、剧场、健身房、公园、古老的街巷、郊外的旷野……都有,这些场所只需要我们移步前往,将自己交付出去,就会发现阿兰·德波顿所说的无聊的魅力。想想我们每天被填满的生活，想想我们被快节奏挤压的神经，为何不放过自己，尝试在庸常的生活中像德波顿一样发现温暖我们心灵的风景，从无所不在总被自己忽略的日常角落找到属于自己的快乐呢？就像我，去先锋书店，在无聊中收获放松，觉得可能过后很久才懂的意义。

英国人奥利维娅·莱恩和她的《沿河行》也是我在先锋无意撞见。《沿河行》这名字就很治愈，她的《孤独的城市》更有一种无聊或者无所事事后的魔力。不去先锋，哪会有这样的遇见。

其实我最想说的是，作为教师，不能没有自己的无聊空间和时间，更不能没有自己打发疲惫的机制与方式。如果让自己整日如拧紧的发条、疯狂转动的陀螺，怎么能够专业地工作？请不要再用学校的管理抱怨自己身不由己，仔细想想我们自己失误在哪里。

如果这个能够接受，那么，作为教师，怎么能让学生一天到晚刷题刷题刷题，连喘息的空间都没有呢？可不可以也让学生有无所事事的时候，在无聊中发现学习的魅力？

想到《病梅馆记》

龚自珍在社会潮流前的有所不为,对今天的我们应该有所启发。

周末到居家附近的野地里闲逛,遇到几株盛开的梅树。梅的幽香随早春微冷的空气悄无声息地漫过来,真是一种无法抵挡的诱惑。我不觉间就停下了脚步,任丝丝缕缕沁人心脾的清香包围。野地无人,万物自在,天远地阔。

在几乎没有野生梅的今天,荒野之地,谁人栽种的梅树呢?站在枝杈随意、恣意绽放的饱满生命前,有了这样疑问的同时竟又想到龚自珍的《病梅馆记》。

高中时学习《病梅馆记》,我就不以为龚自珍在表达自己对个性解放的追求,现在更坚定了这个认识。他通篇都是对文人画士的批评,是文人对梅抽象的赞美,是画士对梅形态的夸张渲染,才导致天下人对梅的异态、病态的痴迷和追逐。我知道龚自珍实际并不是借《病梅馆记》对文化的审美志趣进行批评,我也理解龚自珍是在托梅议政,但不认为他是对治者的批评,龚自珍写作《病梅馆记》旨在批评"文人画士"的丑陋。龚自珍是有洞见的士人,他借"夭梅病梅"事对"文人画士"表达愤怒另有深意,但这不是我在这里要阐释的内容,我要说的是龚自珍的有所不为。

龚自珍说自己"本非文人画士,甘受诟厉"也要辟病梅馆"纵之顺之,毁其盆,悉埋于地,解其棕缚",让受尽束缚之梅重获自由,并且发誓穷尽自己一生光阴"以疗梅也哉",可谓言若洪钟,震地有声。龚自珍本为文士,却声称自己"本非文人画士",实是声明自己与追逐"病梅"的众文人画士的不同,是另有主张的一个。在整个时代与社会追逐"病梅"的潮流中,龚自珍主张梅的自然美,他不需要扭曲的姿态,也不需要刻意"遏其生气"而显得岁月盈眼,他需要梅的生命自由和自在。所以当天下之人趋之若鹜地为"病梅"痴迷疯狂时,龚自珍采取了有所不为的生命态度,坚决走向潮流的反面,大声疾呼给梅以自然的生命,不要因时下的趋势去扭曲生命自然存在的方式。生命,需要自由地生长。

说到生命自由生长,显然与教育就有了勾连。父母如今送孩子去的种类繁杂的"班",学生在学校不停刷的各类繁复的"题",像极了《病梅馆记》里的"斫""删""锄",一字一刀,将自然的生命"夭"成不自然的存在。有人可能觉得这种说法太过,太夸张,须知道龚自珍时代的人也没人觉得将"天下之梅""斫直""删密""锄正"有何不当,都是为"梅"好,只有让自然的梅成为曲梅、欹梅、疏梅,才能成为有姿、有景、有态的"梅",才能被人赏识并终成大用。至于梅自身的生命状态已夭已病,并不在当时沉陷其中的人考虑的范围。当年龚自珍从"病梅"中看到了"病人",看到了如此对待人的要命处,我们今天面对教育的各种"卷"看不到"病人",看不到如此培养人的要命处吗?我们常说历史是最好的老师,但总是不能从古人的文字中收获对当下的警惕,本身也是个问题。

《病梅馆记》里,还有一个不太惹人注意的地方,在我看来非常重要。"文人画士"内心对梅的曲、欹、疏的追求无法得到满足,就干脆直接告知蠢蠢求钱之民要斫正、删密、夭稚枝,遏梅生气使其最终成为"病梅"。"文人画士"的此种举动终使对"病梅"的追逐成为了不可阻挡的社会潮流,其结果就是"江浙之梅皆病"。照此类比,今天教育内卷大潮是何种"文人画士"历时多长时间的倡导、推动、示范而成？尽管教育主管部门开始整治，政令频发，举措频出，收效不大的背后是每所学校、每个家庭对内卷大潮的种种接纳。如龚自珍般决意不为潮流吞没，坚守朴素的教育哲学和育人理念，在他人纷纷"夭梅"时坚决不去"病梅"，同时力所能及地去"疗梅"，这样的教育从业者和清醒的父母太少。

有人会以无奈表达面对社会大潮时的无力，这是可以理解的。时代与社会潮流的力量如山体滑坡，如冰山雪崩，如峡谷泥石流，如龙卷飓风，它会裹挟和吞没沿途一切弱小的存在。可是，这不等于我们可以没有正确的选择，不等于我们在面对内卷大潮时不能有所作为。人与自然万物的最大不同在于，人是能够思想的苇草。苇草很弱小，但苇草在风雨冰雪中有自己的韧性，能思想的苇草更有狂风暴雨所没有的选择能力。在社会思潮面前，个体的生命都应该葆有理性的思考与判断，而不应该简单地为潮流所吞没，为人父母与教育从业者更要有自己的正确态度。龚自珍在天下"病梅"成灾的当口，以有所不为的态度宣告了自己的精神立场和价值判断。他的有所不为，换一个视角就是有所为，今天教育内卷大潮中的业内人士和每一位学生家长都可以如龚自珍般不参与潮流的合唱，做清醒理性的选择。山体滑坡吞没的是没有预警能力者，泥石流带走的是无知无觉的石头，当我们意识到如泥石流般的教育内卷的前景是什么时，校长与教师从职业责任的角度就应该及时停止无意义的折腾，家长从孩子未来发展的角度就应该果断消停没有任何价值的参与。当越来越多的社会个体和职业个体变得清醒和理性，教育主管部门的那些政策和举措才能得到真正的执行，我们就会渐渐走出"斫""删""夭""遏"的教育不正常状态，回归教育的朴素目的。

每一个接受教育的孩子都是一个独立的生命，自然生长是他最好的成长方式。校长、教师、家长，切不可以"为他好"的理由做有违他生命成长的事。

这需要勇气。

金陵的龙蟠之梅已经消失，不知苏州的邓尉之梅如今怎样。龚自珍只是借梅说事，他并不反对文化的审美志趣，我们也只是借龚自珍说事，看到自在的野地梅树，想起了他和《病梅馆记》，也想到了教育。

ChatGPT、学科教学及其他

我们在等待一个确定但并不清晰的人工智能未来,无论怎样,教育都将发生前所未有的巨变。

虽然如 ChatGPT 之类的人工智能工具目前并不具备真正的思想力,它只是将人类知识搜集、记忆之后进行沉淀和使用,但已经没有人怀疑这类大语言模型构建的 AI 对教育的冲击和改变能力。ChatGPT 的出现,使我们以知识为"锚"的课程观、教学观面临严峻挑战,只要稍稍抬头看,为知识的教育在 ChatGPT 面前,其存在的必要前提已经基本丧失。可能教育专业领域之外的人群现在还未必可以确定地看到这个挑战,但教育从业者应该意识到,在可见的未来,世界教育领域一定会因此引发一场我们目前尚不十分清楚的革命性变革。

当然,我们也看到了人们在 ChatGPT 面前的犹疑和担心,一些国家和地区的教育机构也迅即表达了对ChatGPT的不欢迎。但这已经无法改变人工智能时代的快速到来,由ChatGPT引发的诸多问题甚至难题的讨论不论多么激烈尖锐,教育生态的颠覆性改变正在搭弓上箭。由此,教育领域内的专业人员应该开始思考教育未来的使命、课程组织、课程结构、课程内容、教师专业要求、教育教学评价等一系列因AI带来的学习方式变革而生出的崭新教育命题。

比如,未来学科教学还存在吗?知识在未来课程内容中会扮演什么角色?课程结构的呈现方式可能会是怎样的?当知识的掌握和使用成为机器的价值之一时,学校教育如何判断学习者的潜能?要知道,长期以来我们的教育对学习者未来的期许,是以知识为基础的学科课程结构组织,加上以知识学习和知识掌握的程度如何,作为基本的判断标准。而这一切都将面临以超级ChatGPT为代表的人工智能的挑战。想一想二十世纪九十年代中期我们还需要大量地在自己脑袋里记住许多朋友的电话号码,今天再没人做这样的事情,我们就能理解,人类大脑的某些记忆责任正在不断地让机器去承担。当然今天不是讨论这是人的解放还是人自觉寻求被异化的问题,我们关注的是超级 ChatGPT 到来前,教育变革的方向,或者更具体一点说,我们要思考学科教学如何适应新的教育时代的要求。在知识教育还没有被彻底取代之前,这个向未来过渡的教育之桥应该如何搭建?

其实,基础教育今天面临的挑战若干年前我们就已经敏感地觉察到,虽然未必与迅猛发展的人工智能有什么关系,但国家发展遇到的瓶颈需要教育作出正面回应,教育界自身还是意识到了,基础教育领域的表现之一就是本轮课标的修订和推出。如果我们用一句话判断此轮课程变革的价值与意义,那就是基础教育各学科力倡的学习方式变革会帮助我们由知识的学习向人的发展用力。虽然之前的课程理念也倡导人的全面发展,但由于教育评价方式和评价内容的滞后,基础教育实际上陷入的是为知识的记忆和为知识的重复训练。而教育评价缓慢转轨的代价之一是基础教育领域对为知识教育的痴迷,这种令人目眩神迷的执念已经上演成为巨大的教育内卷浪潮,再不用有效的评价手段遏制和扭转,国家需要的基础教育就无法成为实践的现实。好在目前我们已经看到了学科教育评价转向的强烈信号,国家高考正在快速走向摆脱为知识的方向,中考改革也是紧锣密鼓。伴随着评价变革的推进,我们相信基础教育会有一个国家期待的实质性变化。

现在,基础教育领域的从业者在本领域内要迅速转变自身管理方式和实践作为,以适应国家基础教育变革的需要。基础教育领域的各学科教师,应主动理解并自觉践行本学科实践性教学的要义,迅速摆脱旧有教学观念和教学行为对学科教学实践的束缚,彻底放弃教师讲授式教学,让学科教育走向学生的实践性学习,这是世界教育内容与教育方式新浪潮来临前我们必须搭建的桥梁。有人提过这样一个问题:ChatGPT 为什么最早出现在西方?我的答案是:自由的兴趣追求,不为知识的学习。知识不是目的,这牵扯到对价值的判断,对学习的认知,对知识的理解,对混沌领域的兴趣等等诸多复杂的话题,但无论多么复杂,我们的学科教学和基础教育管理与评价方式必须立即作出负责任的改变,唯此,教育才能培养出国家需要的人,民族才能出现富有创造力的人群。

ChatGPT 出现了,超级 ChatGPT 正在前来的路途上,这让我们有机会再一次思考一个常识性的教育判断:书本和学校只是教育的工具,绝非教育的本质。

由教学《论语》二则想到的

虽是语文课堂教学的细节,但映射的是学生该有的自由空间。

2012年秋学期,任职的学校搞语文教学改革,把《国学基本教材》(论语卷)作为苏教版高中语文教材高一内容的补充,老师们再作大胆选择,又把补充的教材打乱,在"德行""言语""政事""文学"四科中筛出语录若干用于具体教学。有老师先试教了一则《〈宪问〉第十四·三十八》,又教了一则《〈里仁〉第四·十五》,深浅适中,该讲的内容都讲了,然而课堂却沉闷得很,学生眉头蹙成一把,都趴在那里记录要义,无一人主动参与。课后询问,学生直呼没劲。

所有人坐下来检讨原因,有老师直言,中学古文教学是从来只有文言没有文章的,学生被死灌多年,早没了学习古文的兴趣,多年积弊,哪里一时可以改变。但我仍觉有很大的空间可做好,《论语》既是语录,何不努力还原学生一个言语的场景,有情境的学习总比干巴巴的语录解义要好,我相信语言的诱惑和穿透力来自于现场或者对现场的复原。尽管并非所有的语录皆能还原出合适的情境,但可以先做能做到的。

为便于解说,我把两则语录照录如下:

> 子路宿于石门。晨门曰:"奚自?"子路曰:"自孔氏。"曰:"是知其不可而为之者与?"(《宪问》第十四·三十八)

> 子曰:"参乎!吾道一以贯之。"曾子曰:"唯。"子出,门人问曰:"何谓也?"曾子曰:"夫子之道,忠恕而已矣。"(《里仁》第四·十五)

关于《宪问》一则,钱穆先生的《论语新解》有一段传神的情境还原:

> 本章当是孔子周流在外,使子路归视其家。甫抵城,已薄暮,门闭,遂宿郭门外。晨兴而入,门者讶

其早,故问从何来。子路答自孔氏。盖孔子鲁人,人尽知之,不烦举名以告。晨门曰"是知其不可而为之者",正见孔子时必在外。若已息驾于洙泗之上,则门者不复作此言。此门者盖一隐士,知世之不可为,而以讥孔子,不知孔子之知其不可为而为,正是一种知命之学。世不可为是天意,而我之不可不为则仍是天意。

试想,风尘仆仆周流在外多时的孔子一日遥遥地过鲁城时,硕大的落日余晖刚好把他的人及牛车罩在一片苍茫中,许是望了一眼下坠的夕阳,或是瞥了一眼隐隐似可见到的故城,也可能是看了看正在车前车后疲惫行走的弟子,孔子忽生探视的念想,于是坐在余晖里的牛车上冲弟子仲由说道:"子路,你回家看一看吧。"弟子闻言兴冲冲背一身落日朝鲁城赶,紧走慢走到达鲁城的外城门(石门)时已是薄暮时分,城门已然落锁。无奈,子路只得在鲁城的外城门旁野宿一宿。次日子路起得极早,城门开时他已在候着,这让晨门(看门人)惊讶不已,顺口就问:"这么早啊,客人从哪里来?"子路答曰"孔氏"。于是精彩来了,晨门当口一句:"是知其不可而为之者与?"之所以说此一句精彩,盖因晨门乃一智者,隐于此,子路一句"自孔氏"就让隐者嘴角露出一丝讥容,可能是太瞧不起孔子,也可能是子路一脸尘土的倦容让隐者有了更丰富的联想,反正言语间有大不敬。内心不屑孔氏的晨门语带讥讽、嘲弄,这会激得性子急、脾气大的子路暴怒么?他们接下来会有一番怎样的言辞对答?他们是否还发生了肢体冲突?当然对冷脸已经习惯的孔子之徒也可能冷冷地或脸带笑意地看隐者一眼,一声不响留给他一个背影。实际情况怎样,语录里没有录,谁也说不清。但我们可以说其他的,这一句隐者之语既道出孔子其时的影响,也道出孔子其时生存的困境,更让我们今天阅读时可有无限的想象空间。我想,如果老师上课能给学生创设如此的对话场景,让他们在一种充分的铺垫后进入状态,怎么可能对《论语》没有兴趣?更为重要的是,我们今天如何评价隐者?又如何评价"知其不可而为之"的夫子?千百年来,逆流而上的孔子成为救世者的象征,在"知其不可"之后,别人抽身而去,独有孔氏挺身而出,他虽不能挽狂澜于既倒,也要做一棵疾风中挺立的劲草。这种精神给予孔氏的政治实践以独特的光芒,也对后世产生了无限的激励作用。我感佩的同时却也一直有一种疑惑,如果孔子奔走于世的时代不能为人主所接纳,社会蛮荒,那孔氏身后被追为圣人,为万民景仰,其学说被那么多的朝代所尊崇,为何时至今日,孔子的追寻依然是一个看起来遥不可及的梦想?他的"为之"就一定是"唯一"的正确吗?如果答案不是肯定的,那我们又该如何评价孔子的"知其不可而为之"?如果把中华文明放在世界文明的背景框中,苏格拉底为追求真理而死最终慢慢带来的社会进步与孔子的衣衫褴褛之困最终慢慢催生的儒术独尊,二者相比差异在哪里?这样的差异到底是如何发生的?那个晨门下的隐者,彼时已经看穿几千年的未来了吗?我没有答案,我只有疑问。我不可能再像我的老师当年给我结论一样再交给学生一个既有的判断,我想不清楚的事情只能交给学生一个问号。似乎,没有"杂音"的文化系统,并不能让这个社会变得更好。而这样的《论语》课堂,学生会不会更有兴趣呢?

《里仁》一则其实更有意思。尽管宋儒对此一则各取所需,解说甚多,相去甚远,有些说法还很玄奥,但我觉得对今天的学生来说倒简单得很,还原对话情境也有意思得多。曾参比孔子小46岁,入孔门较晚,孔子去世时,曾参才27岁。《里仁》此一则的对话想来当为某日孔子与学生聊天论事,姿性较钝的曾参在老师之"道"这一关键问题上可能又有语出不当之辞的表现,说的什么不重要了,反正惹得孔子很着急,一声"参乎"道出孔子恨铁不成钢的着急样子。孔子的意思是说:"曾参啊,你怎么就那么笨呐,我之道,一以贯之啊,讲了那么多回,怎么还不明白呢!"曾参虽然悟性不高但却是性格敦笃之人,老师训诫声毕已然急应自己明白了。稍停,孔子起身外出,气氛变得活跃,同门间互开玩笑,有同侍者有意问曾参:"你说你懂了,那我问你,老师一以贯之的道是什么?"曾参憨道:"他说的道,忠恕——忠恕而已,唉!一天到晚穷唠叨,哎——拿我取笑是不是?"

我把这种还原说给同事听,有人对我说,有意思是有意思,可想象的东西太多了,尤其《里仁》一则,曾参与同窗间的对话有别于固有释义。这个我承认,无论古人今人,对"门人问曰:'何谓也?'"皆看作问话人不懂孔子"吾道一以贯之"句是何意思,钱穆先生就说门人"闻其言,不明所指,俟孔子出,问于曾子"(见钱穆著《论语新解》)。

但我觉得"门人"为何就不能先于曾子明白呢？同门间为何就只能脸皮紧绷着讨论学术问题？他们之间难道就不能有点恶作剧？开点玩笑又能怎样？在这里，我以为颠覆了历史的读解未尝不可。至于此则中的"忠""恕"，只是常识，"忠"就是为人谋事尽心尽力，"恕"就是将心比心，我不把自己的想法强加于人，别人也别把他的想法强加于我。无论"忠""恕"，在最初皆言人与人间要相互如此，至于后世如何演变了其本义，不是这篇小文关注的对象。我想说的是，孔子的"忠恕之道"是价值立场，归个人精神追求一域，时代到了今天，我们该有一些夫子倡导的"恕"精神了，要允许别人有他见。这本来是文化常识，然而想对学生还原常识，如何何其难矣。但我仍然会还原，仍然会把我的不解及新解与学生分享，就像钱穆先生在《论语新解》中所言，我"只就《论语》原文平心解释"，旧有结论觉得对就接受，觉得不对就搁置。当然，这种搁置不是不分享给学生，我会让学生在不同的释义里作比较，然后让他们作自己的选择。同时，《论语》的课堂我要尽可能给学生一个鲜活的对话场，让他们平心静气地倾听两千多年前的人与人之间的对话，倾听那个时候对话人言谈间最初的意思。

如果学生在倾听后有思考并质疑,那是美妙的习得。如果学生在倾听后拥有一个无法觅得结论的疑问,那或许是莫大的收获。因为,我知道学生学习的最大价值不在寻求答案,而在发现问题。

越界的父母

在教育这件事上,父母们越界了。

在中学前后做了二十六年教师,后十年最用心的教育观察之一就是父母对孩子的教育态度。不得不说,在孩子的学校教育问题上,父母们多半是越界的。

人在青少年时期的成长除了身体,就是智识的修习和德性的养成,其接受教育的途径无非来自三个向度:家庭、学校和社会。对人的最初成长而言,家庭教育比学校教育重要得多,一个人一生的道德基础是来自父母和家庭,而非社会和学校。这一点,无论是早期的阿德勒、卢梭、洛克还是今天的心理学研究,都能证明。除开社会对一个人成长过程的影响不谈,家庭教育与学校教育应有不同的责任分工,尽管二者有相互渗透不可分割的内容,但承担的责任份额是不一样的。在孩子的德性养成上,父母的责任更重大,学校虽然有育人品格的职业责任,但只能承担家庭教育中尚需修正和遗漏的部分以及提供给孩子更多的品格养成机会,无论如何,学校在人的德性教育中只能起到辅佐的功用。而主要由学校承担的重大教育责任则是帮助学生获得智识的能力,如此,我们就应清晰地看到,人的德性、品格培养是由家庭主导、学校协作完成,人的知识教育应由学校来专业地施行。

父母的越界就在这里。本应由学校主导的教育内容正受到父母们越来越多的干预,他们过多地参与到了孩子的学习过程中,过度干涉了学校的专业行为,力度已经大大超过了学校和教师所能正常承受的限度。这种家庭绑架学校、父母绑架教育的事实已经成为巨大的专业之外的干预力量,让学校教育出现了太多不能称为专业的教育表现。比如越来越沉重的课业、越来越繁重的考试、越来越机械的重复教学,我们的教育多年来也被广泛地贬称为应试。在一个教育发达省份,有段时间,主管部门对学校应试的监管十分严格,为规避在地管理,家长们可以自己组织大巴车队跨行政区域异地组织学生假期补课,这种宏大场景想想都让人震惊。有一次,一位朋友带了他自己的朋友来专门咨询孩子的学习,那父亲上来就非常"内行"地问道："我的孩子今年高三，他古文不好，如何刷题才能解决问题？"要知道，这是在 2011 年。

在学校，此类来自父母的咨询数不胜数。父母们很少谈及孩子成绩之外的事情，即便谈及，也是与最近的学习表现有关，大家只关心自己孩子的考试成绩。有时我会有意强调父母要淡看考试分数，多关注孩子在学校及家庭里的生活状态，他们并不当回事，有些父母表现出明显的失望，甚至个别父母会当场表达不悦。他们经常因为孩子的学习成绩表达自己严重的焦虑感，那种因为孩子考试成绩不理想而生出的挫败完全写在脸上，那种焦急既让人同情又让人生气。另外一种情况是，许多时候父母们所谓的孩子成绩不理想只是学生的考试表现没有达到他们的期望值，而他们的期望值是动态向上且无止境的。有个常常在年级考第一的学生，他父母竟然希望他尽可能地把第二名远远甩在身后。早几年，我还能拿学生"考上大学没任何问题"安慰焦虑的父母，如今这个办法行不通了，每个学生的父母都希望自己的孩子能考上重点大学。于是，他们就更加焦急地干预学校，越界越来越深。

父母们越界的形式与内容多样,小到随堂听课,大到对班级课任教师的选择,他们都会过问,都会对学校表达自己的建议;每一次考试,父母们都会关注,他们会跑到学校来或者在电话中询问自己的孩子成绩如何,为什么这次考试的分数比上次少了。这样的情况在2008年以前还较少发生,2010年以后非常普遍。鲜少有家长意识到,教育是专业的事情,应该让专业人士安静地做他自己该做的事。我不止一位同事遭到过这样的质问:我的孩子小学(初中)在班上都是数一数二的成绩,怎么到高中就只能在中下游?

与之相反的是,我们看到了学校专业教育行为的快速退化,本来就难以称为专业的学校教育更加令人担忧,学校自身存在的专业问题加上来自家庭和社会的巨大升学诉求压力,让学校应试行为几近无度。我们在有的学校看到了"只要学不死,就往死里学"的标语,也看到了头缠红布狂呼口号的高考百日誓师大会。如今由高中而初中,由初中而小学,由小学而幼儿园,层层下移知识教育快车,人人意识到问题的严重性,出路在哪里?这种过度的知识教育开发所带来的弊病或许多年后才有普遍的重大社会反映，令人不安的是，它会有多严重？

然而我又能理解父母们的这种越界行为，这些行为背后是社会焦虑的家庭反应。在功利至上的社会浪潮面前，个体和家庭是无力抗拒的，一个个的父母就像一滴滴的水，他们在奔腾向前的社会大河里微不足道，只会被裹挟着前行。我只能把目光投向学校和教师，从教育从业者应该担当的责任视角，我的想法是，教育场所和教育者应该坚守自己必须坚守的专业使命和专业良知，在巨大的社会喧嚣面前平心静气地做自己该做的事情，这也是我主张教师要过专业生活，倡导教师要清楚自己是干什么的原因所在。对无数越界的父母而言，要清楚一个基本的道理，人的一生是一个漫长的过程，孩子除了是你的孩子，还是他自己，把孩子的还给孩子，把学校的还给学校，做理性的父母很重要。

没有人能替代自己的专业发展

专业发展是教师职业的个体责任,没有人可以替代。

职称评定催醒的专业意识

尽管那些年还没有专业发展的概念,但以今天的专业视角去看,从 1998 年开始,我已经有了个人专业发展的意识。起因是多数人讨厌的职称评定。之前的高中语文教学,和所有人一样,课也上了,作业也改了,从没多想过。整个人就像河里的水,跟着所有的水顺势而流。

但职评来了,有许多让人头大的要求,比如需要班主任工作年限。没办法,于是我做班主任。现实工作情境中的班主任很痛苦,因为你要常常面对一些莫名其妙的常规管理措施,但正是这种经历,让我从下意识的反对与尴尬的面对中慢慢琢磨出了点儿什么才是真正的教育管理,什么才是教育。真是意外的收获。

再如职评需要论文,于是我写论文。由于要写专业文章,我开始思考文本解读,课堂教学中的细节处置,对学生理解的判断,对既有结论的怀疑与追问等等。我从课堂教学的困惑写起,写最细小的课堂教学反思。第一篇文章是对葛朗台形象的分析,起因于一个学生的疑问,写好后不久就发在了河南大学主办的《中学语文园地》上,之后又有连续的教学小文章发在当时徐州师范学院主办的《语文教学周报》上,一些写作指导文章发在诸如《中学生作文指导》《写作》这类学生刊物上,就这样写了三年。三年的摸索可能有了些积累,2001年我的专业文章写作得到更大范围的承认,先是《风干的语文与语文教师的人文素养》获得"新世纪园丁杯教育教学论文大赛"一等奖的第四名,接着《成长导报》(即《江苏教育报》)又以整版的篇幅发了我的《语文教师自由的精神哪里去了?》,再后来就有《语文教育的自由与语文教师的责任》《课程改革与教师的职业倦怠》等文章陆续见诸报刊和获奖。用今天的话说就是,我在专业写作中让自己的专业认识水平有了一个较大的提升。

这个经历让我明白一个道理,没有人可以替代自己的专业进步,人的发展可能就潜伏在平常烦人的琐碎里,就像职评,没有它的刁难,我最初可能就不会主动去开始个人职业行为的专业思考。

阅读,阅读,阅读,还有写作

最初为了职评的专业思考与专业写作在我面前开启了一片先前不曾预料的天地,我在其中获得了职业的乐趣,这反过来让我又拥有了专业进步的动力。尽管这种动力后来让我在更大范围内提升了自己的专业水平,但也让我在提升的同时发现了自己的严重不足,专业理论是横在我专业行进道路上的一座山。

意识到这个问题的严重性是在 2005 年初,之后我开始阅读教育理论书籍。理论总是枯燥的,常常一知半解,好在常常回读,好在我在夜晚有大把的时间属于自己。有三年的时间,我常常在夜深人静的晚上读书,读累了,就站在办公室的窗前听不远处沪宁高速路上的车流声,偌大的校园空空荡荡,除了学校门房的灯光,只有我的办公室还有灯火。但我并不觉得清苦,反而有一种难得的喜悦。孤独可能有许多种,寂寞也是,为专业进修而寂寞，我是真心欢喜。

我就在那三年的时间里，接触了一些课程论、教学论甚至教育哲学论著作，有些问题读明白了，也想明白了，但更多的问题仍然是问题。即便如此，这种阅读仍然带给了我相当大的进步，对教育的理解，对课程的认识，对课堂教学的思考，都有我之前不可能有的判断。这就是阅读的力量。当然，在那三年中，我的阅读并不仅限于教育理论，更多的是人文社科类著作，读得很杂，毫无系统，不像读专业书籍那样有个系列。没有目的，就是阅读。但就是在这样的阅读中，我的课堂教学渐渐有了变化，我对教材中的文学文本教学慢慢就有了更多的选择性，我看教材文章，不觉间有了之前没有的理解。2012年1月，我在《人民教育》第2期上读到王栋生老师的《我主张"静养式阅读"》，觉得自己那几年的阅读状况差不多就是，那三年的读书，很有些杂草丛生的味道，各种各样的草疯长，最后长得还算茂盛。

我不是一个只阅读不动笔的人，多年养成的写作习惯让我在阅读的间隙里，写了一批文章，既有专业写作，也有文学创作。我始终认为，写作是语文教师的基本功，一名语文教师只要能写文章,他的基本教育教学能力差不到哪里去,写作实践很能锻炼和提升一名教师的教育认知水平,教师借助写作会对教育行为本身自觉思考,并且能够拥有他人常常缺乏的专业敏感。我与唐江澎老师合著的《在亲历中感悟意义》一书,虽然成书于2012年,但其中的一些章节内容,早就在那三年中形成。

今天回过头去看,我可以用一句话总结阅读专业理论对一名教师的重要性:一个教师缺乏专业理论,就只能在自己的经验基础上作专业工作总结,而不可能以专业的水平研究问题。同样,我也可以用一句话总结写作对教师的重要性:写作可以极大提升教师对专业的认知水平,尤其对语文教师。

所有人都是我学习的榜样

在专业发展的过程中,我始终牢记一个信念,所有的人都是自己学习的榜样。

课程专家、教育学者、语文教学专家自不必说,他们有最前沿的课程和教学理论,有着我们普通一线教师所不具备的视野和研究水平,我们要发展,一定得向他们这个群体学习。我在专业发展最快的几年,恰恰得益于有机会与他们不断的交往。2003年开始认识华东师范大学的崔允漷教授,在他那里我第一次真正接触到了"课程",之后与崔老师及他的专家团队有过数次项目合作,学校也好多次把崔老师的团队请来为教师做报告,指导教师开展项目研究,我们有时候也去上海接受他们的项目培训,我对课程、教学、评价、专业发展的理论认识,多半得益于崔允漷教授和他的团队。和王栋生老师的交往让我终身受益,他对我的启悟不仅仅在专业教育本身,更在于我们应该以什么样的姿态做一名教师,一名语文教师应该拥有什么样的职业追求和职业境界。唐江澎老师是我专业发展过程中最直接的帮助者和支持者,我们认识二十余年,我也受教二十余年,我每一次的专业进步都与他或大或小的帮扶有关,他的体悟教学论,他在课堂教学方面的探索,他对教师专业发展的思考,都有普遍的教育意义。

还有锡山高中语文学科中心的同伴们,他们的存在让我不断产生同行者的温暖感,他们的包容让我心生敬意,我从他们每一个人的身上都学到了许多我先前不曾拥有的专业优点,他们的敬业精神让我感佩不已。没有他们,我同样不会有后来的进步和发展。

自然还有许多人,有的是我听过他的一堂课,有的是与我有过短暂的专业书信往来,有的是读过他的书,有的是听过他的学术报告……我从每一个人的身上都学到了东西,我的专业发展就是这么一点一点地慢慢累积了起来,并且仍将积累下去。

最后,我仍然要说那句话,就教师个体的专业发展来说,除了自己,没有人能替代你的发展,每一个人的专业发展路径可能会不一样,但专业发展成什么样子还是要靠自己努力。

第三辑　别过脸去转过头来

教师的身份意义

教师的专业生活意识

教育的常识

阅读的困境

阅读碎想

如何带着孩子读书

一个人如何读书

穿行在校园里

学会为孩子疗伤

做教师

教师的身份意义

教师是谁？教师是干什么的？这个问题很重要。

近二十年来业界提倡教师应过专业的生活，许多教师不以为然：现在怪我们没有专业，我们没有专业，责任在谁？这种不以为然不是没有道理，如果列举教师没有专业意识、能力和专业品格的原因，抱怨者可排出一长串名单。但我估计，这些不以为然者不会把自己列在其中。问题就在这里，拒绝责任承担的同时指斥他者犯错的习惯思维，让我们成了今天的样子。也正是从这个视角，我觉得再谈教师的身份意义很有必要。

关于教师，业者都知道唐代韩愈说过的一句话：师者，所以传道受业解惑也。在这句话中，韩愈说了教师的两个责任和一个功能，两个责任是教师要教给学生知识、告诉学生做人的道理，一个功能是教师要解决学生在求学与为人过程中的困惑与不解。我们古人不大追问教育的哲学命题，明白"教育即人"是后来的事。表面上看，教育即人，与我们的"传道受业解惑"似乎没有大的差别，我们道传了业授了惑解了，人不就成为人了吗？其实不是。教育即人，人是独立的人，是自由的个体，韩愈笔下的人是从属的人，是依附的个体。这种差别是本质上的鸿沟。近代以来，我们已经用了很长的时间很多的精力去弥补，实际效果并不理想。一直到今天，我们的教师都没有真正把教育行为落实到个体自由的场域内，尽管我们的教育理念表面上已经很现代了。这就是传统的力量。也正因此，教师身份在今天的意义特别重要，我们要清楚教师是谁，是干什么的。

还是从"传道受业解惑"说起。在这句师者名言的背后，我们能看到一个端坐的教化者形象，他正襟危坐，不苟言笑，令人敬畏。这么说可能有人会反对，因为韩愈在《师说》中还同时说了人人可以为师以及师与弟子关系的相对性。韩愈是说了，但韩愈的解放性后人没有吸取，他对师者的完整阐释与后世既成的教育传统关系真不大。我尤其在意的是，学生在韩愈的师者那里是"接受"者而非自由的个体,学生要成的"人"是规范好的"人"而非独立的人!今天,社会虽然在理论上接受了现代教育的理念,但现实中意志各异的功利群体仍然逼迫教育发生了异化,教师的身份意义仍是传统的而非现代教育的专业定义。我们一直没有专业意识,没有真正的现代教师身份意识。这就会产生一个非常让人难过的社会现象,一方面社会要求教师要合乎自己的功利性追逐要求,而另一方面社会又对按自己的欲望制造的教育现状满腹抱怨。教师群体亦有十足的不满与牢骚,但从我的视角阅读,教师受指责是应该的,因为你群体性没有了专业的立场。没有真正的专业坚守又想获得社会功利的承认,这本身就是个悖论。

所以,我不想说教师在现实困境下的无奈,我只想谈作为教师应有的身份概念。不论社会如何不懂教育,为师者自己必须清楚,什么样的行为是专业的行为,什么样的教育行为是教师必须拒绝的。很可惜,我们目前还做不到专业的行为判断,更做不到清醒且专业地实施自己的教育行动。如果我们以不利于学生心智成长的方式作职业的努力,让社会的功利性需求绑架教育,丢失自己的专业品格,这是应该受到专业内部的否定和批评的。

教师常常抱怨教师这个职业不受重视,我很纳闷,我们用那点专业知识,炒了一辈子冷饭,反反复复地对一茬又一茬的学生宣讲一生,没有创造,没有帮助学生真正成长,凭什么让这个社会尊重你?我们没有自己的专业价值判断和专业生活坚守,屈从于社会的功利需求,世俗的社会又怎么可能尊重你?我们凭知识教育让学生进入重点中学,把学生送进大学,让学生从大学毕业,但要知道最重要的"人"在我们的专业领域仅仅得到口头和口号的重视。我们没有真正意义上的社会贡献,这才是致命的地方。

一个人走过青少年时期,我们的任务首先是帮助他成为活泼泼的生命,让他有担当地成为社会公民,对这个社会抱有创造的热情与能力,这才是教师的意义。其间,所有的外界干扰都不是我们的教师意志应该屈从的,这才是教师的身份价值。我们改变不了自身之外的许多东西,但我们必须面对自己。教师要过专业的生活,首先要有教师身份意义的自觉才行。

因此,教师是谁,教师是干什么的,追问这个似乎老掉牙的问题十分必要。

教师的专业生活意识

教师是专业技术人员,我们不能仅仅在填写某些表格时才意识到。

教师要过专业的生活,这不仅是一个专业命题,更是一个紧迫的专业任务。在过专业生活之前,教师群体首先要有专业生活的意识。

长时间以来,我们没有专业生活意识,更没有专业生活方式,教师整体的职业行为非常不专业。这种表述可能有点苛刻,只是现实是残酷的,很多人到今天还不明白教育之所以遭到诸般指责,其根本原因就是我们长期从事非专业的职业行为,过着非专业的职业生活,最后自身遇到了专业生存的困境。这么说吧,如果一个职业内部所有的从业者长时间对自身所从事的职业根本没有专业的意识,长时间甘愿听从于来自职业外部的专业水平判断,其最后的结果只能是该职业所有从业者遭到社会声音各异的指责。如果再举个例子说明,那就想想我们自身喊出来的那么多莫名其妙的教育口号,有几个是专业的呢?教育行业不被社会批评都不正常。所以教师要过专业的生活,要有专业生活意识。意识到这一点非常重要。

什么是教师的专业生活意识?我们要明白,教师职业是专门性职业,教师是专业人员,教师工作是一种"专业"而非"一般职业",无论教师个体还是教师职业群体,都应拥有这种意识。用一句话概括就是,教师要拥有作为专业者必须具备的专业知识、专业技能和专业伦理等内在品质共同作用下形成的专业行为意识。在没有达到更高的专业行为能力之前,教师首先要心向往之。在此前提下,我们再谈专业生活方式和专业成长。

其实,教师的专业生活意识决定了教师的专业生活方式的品质,而专业生活方式最终指向的是教师专业发展。因此,我们的教师要实现专业发展的愿景,首先要从专业生活意识开始,要明白作为教育职业的专业人员自己的专业生活是什么。尽管理论界对教师专业的内涵表述不尽相同,但专业知识、专业技能和专业伦理是大家共认的三个教师专业领域。所谓的教师专业生活，就是教师在此三领域的专业行为，我们所强调的专业生活意识就是倡导教师要有符合此三领域规范的行为意识。无论职前教师还是在职教师，均需在此三领域不断进取发展，从而提升自己的专业素养。

相较于专业知识和专业技能，教师整体最缺乏的是专业品质与专业精神，即在专业伦理中我们应持的态度和立场，而专业伦理中的不足又反过来影响了我们在专业知识和专业技能领域的进步，结果造成恶性循环以致最终我们面临专业生存的普遍困境。今天，我们必须要有这样的意识，教师仅有专业知识和专业技能是不能实现专业行为的，如果我们的专业伦理出现了偏差，我们的专业知识和专业技能很可能就演变为反专业伦理的教育行为，如此我们的教育结果有可能就是反教育本质的，与我们最初的职业出发愿景南辕北辙。央视制片人陈虻有一句非常著名的业内名言：不要因为走得太远而忘记为什么出发。这句话用在教师身上同样站得住脚。因此，加强教育信念和责任的理论学习至关重要，我们应该集体补习正确的儿童观、正确的教师观和正确的教育观的理论知识,以保证我们的职业行为是正确的专业行为。比如家庭作业问题,教育必须留白,作业不能把孩子所有的课余时间填满,但在今天的学校教育中,我们还有多少教师是这样认为的呢?当一个低年级孩子的父母对我们的大量家庭作业视为是对学生负责时,一个正常的有专业意识的教师就不能再把它当作一种肯定。美国教育心理学家哈里斯·库珀在1989年对家庭作业进行过一项专门的课题研究,他在最后用一句话回答了人们,他说:"没有证据显示,任何家庭作业会提升小学生的学业表现。"针对库珀的结论,我们的教师可能会嗤之以鼻,因为在我们这里,大量的考试成绩表明,家庭作业是能够带来学生成绩提升的。但请注意,库珀说的是"学业表现",并不是仅仅指我们的考试分数,学生对学习表现出的兴趣,学生在课堂上发现和解决问题的能力等等都是"学业表现",这些都比考试分数重要得多。一个学生短时间内在考卷上的表现是不能真正归为学业表现的,很有可能,数字刺激的最后结果是学生对学习兴趣的彻底丧失。然而仅仅小学教育如此吗?我们的初中教育,我们的高中教育,有过之而无不及。用纯知识的重复训练来博得理想的考试分数成为学校教育的主要任务,这太可怕了。教育的异化是一个过程,在这个过程中,固然有极其复杂的社会原因,但是教师集体的专业信念缺失是在其中扮演了角色的。作为从事专业行为的职业者,这一份过错不能再推到他人和社会身上。尽管我们失去操守的理由可以找出一大堆,但我们是教师,是专业人员,却屈从于现实的逼迫,主动放弃了专业责任,这就需要批评。专业伦理要求我们必须坚守教育信念和教育责任,必须坚持正确的教育观和相应的专业行为,我们没有做到,而且鲜有这方面的意识,还不需要批评吗?卢梭老早就警告过人类:"误用光阴比虚掷光阴损失更大,教育错了的儿童比未受教育的儿童离智慧更远。"我们如今不就在品尝教育错了的儿童给我们带来的痛苦吗?拥有专业生活意识,回归专业立场,坚守专业行为,是我们今后应有的唯一选择。

教育的常识

拥有常识并坚守常识是很困难的事情。

教师不能真正受到重视,一个社会就不可能是在真正地重视教育。重视教师的社会表达多种多样,但全民式的考试表达显然不应包括在内。一个社会如果只知道用数字来衡量基础教育的职业作为,一定是社会肌体病了。

社会可以表达对教育的不满,但不是所有的人都能表达对教育的不满,这是需要专业背景甚至专业研究的。你要是以蛮横的态度强调自己就是有资格批评教育,那是你的权利,但不能代表你真有资格。现在的问题是,所有的人都能对教育说三道四。现在更严重的问题是,越是不应该对教育指手画脚的人的意见,越被重视,因为他们的声音最大,喉咙最响亮。

从理论的视角,决定一所学校高度的不是校长而是教师。按照道理,一个好校长加上一群好教师就能成就一所好学校。但事实远非如此。原因很简单,教育是需要自由的,但现在的学校并不自由。比如真正的好校长可能无法在学校待下去,真正的好教师可能会被家长轰下讲台。

我们开始越来越注意教师的专业发展,只是应明白,教师的专业发展绝不单单是专业技能的发展,更重要的是专业理解力的提升。教师良好的专业理解力固然可以在工作中形成,但更应该在他们走上工作岗位之前就要有良好的专业理解基础,这个基础应由高等师范院校奠定。

我们一定要改变一种来自教师群体内部的错误认识,那就是一些"模范教师"常说的,"没有教不好的学生,只有教不好的老师"。要理性地认识教育和认识教师这一职业,要知道教育的局限性,要坦承教师引导的有限性,不要把自己吹嘘成无所不能的神,要大方地承认学生的禀赋有差异。这是尊重学生,也是尊重教师职业,更是尊重教育。一些过头话教师自己一直在说,结果让无数的父母个个相信自己的孩子是天才或者很聪明。

对学生来说,考试的分数评价是非常重要的。但作为教师,一定要认识到,只知道关注学生的考试分数,只为学生的考试分数,是对不起学生的。有些同行可能会觉得挺委屈:如此重视分数,是学生的父母只关心孩子分数啊,是校长和年级组长总逼着我们拿分数啊。但是大家注意到没有,教师之间也是在明里暗里较劲分数,校长拿着分数比来比去,年级组长拿着分数比来比去,已经够过分的了,教师就不要再主动加入"大合唱"了。我们是教师,要知道,许多家长需要教育的基础启蒙,尽管他们可能曾经是985大学或者211大学的毕业生。

真正的学校不是保证每个学生都能进入大学深造,而是努力让从这个地方出去的孩子成为健康、向上、理性、心态阳光的人。在今天,这样的常识不要说得到社会认同,就连教师自身,也并非都能理解。在许多人的认知里,学校就是让学生考大学的,真是错得离谱。

什么时候,高考不再是我们这个社会的公共事件,除了学校和教师在专业地关注,除了考生家庭在关心外,没有什么人围观,我们的教育才算是迈上良性发展的轨道。

阅读的困境

为何阅读很难发生？到底发生了什么？

如果看各种阅读资讯，如今是阅读繁荣的时代。可事实上，阅读的发生是小概率事件，无论公共空间还是私人场所。

只要稍稍留意一下地铁、车站、机场、咖啡馆这样的地方，我们就能明白阅读的尴尬。如果一个社会的公共空间都没有阅读，私人场所会发生理想的阅读是难以想象的。我们不能不承认，阅读的社会性发生，陷入了事实上的困境。

阅读困境的形成虽然原因复杂，但在我看来主要是学校阅读出了问题。学生在 12 年的学校生活里没有形成阅读习惯，更没有形成对阅读的认同，这种状况存在的时间足够久，就会造成社会性的阅读缺失。那么，学校阅读到底出了什么问题以致学生在 12 年的时间里没有形成阅读习惯和对阅读的认同？我以为学校阅读教育在阅读目的、阅读内容、阅读方式和阅读评价上均出现了窄化的失误。

阅读的目的本来可以很立体，但学校阅读却将阅读目的简化成了两个，一是为知识，二是为考试。随着学段升高，阅读目的甚至连知识也不顾，就为考试（这是评价异化中的一个话题，这里不作赘述）。一个活泼泼的生命，阅读就为了考试而且结果还要在同龄人间比来比去，无论是谁都会讨厌这样的阅读并最终远离阅读。

与阅读目的相伴相随的是阅读内容。受知识教育思维和现行考试评价的制约，学生阅读的内容被局限在极狭小的空间里，个体兴趣被捆住，个体选择被束缚，学校整齐划一地限定了阅读内容。同时，由于学科教学时间在学校内部的过度细分，又造成了绝大多数学校的阅读只存在考试涵盖的内容，有些高中学校甚至将阅读对象限定在教材中的两本书，两本书外再无允许学生阅读的书籍，只允许教师下发一些供写作考试使用的所谓素材。

面对仅存的阅读内容，学生的阅读方式又被教师窄化成了条分缕析的内容记忆。严格说来，这已经不是阅读方式的窄化,而是阅读指导的异化。即便八股取士时代,读书人也并不如此般死记硬背。这种阅读方式几乎让所有接受阅读训练的人视阅读为讨厌的深渊,将书籍视为厌烦的对象,离开学校后就将阅读彻底拒绝。

当然,阅读方式如此窄化的背后是阅读评价的窄化。阅读评价的窄化既有评价方式的窄化也有评价内容的窄化,无论哪个学段,僵化的纸笔考试、书籍细节或片段的琐碎考查都是杀死阅读的关键因素。倡导整本书阅读就必须要有针对整本书的纸笔考试吗?这是一个在逻辑上让人无法理解的执念。我们不得不接受一个尴尬的事实,由于评价的不当操作,让阅读本就非常狭窄的学校更加坚定了对阅读的错误认知。

当然,阅读困境的形成责任不单单在学校,文化传统对教育的功利化诉求,社会生存焦虑对教育功利化诉求的过度逼迫,都是造成教育阅读异化并最终催生社会阅读困境的重要因素。只是一个被称作学校的地方不应该主动或被动地将自身降格为培训机构,坚守教育的固有道义,阻止教育包括阅读的异化是学校本身应有的行业操守与作为,正是从这个角度考量,我们才对学校阅读提出严厉批评。

让书籍成为胆识与力量的象征,让接受教育者在阅读中成为智慧者,这是学校的责任。面对阅读的现实困境,学校必须开始行动,作出行动上的回答。

阅读碎想

阅读有用吗?这是个问题。

阅读有用吗?

在不在学校,总是遇到这种灵魂之问。简直头大。有时候就想反问:我们能不能不以实用为目的谈一次问题?人这一生,不可能只为纯粹的物欲而来,即便只为物欲,也不只存在直来直去的直接满足啊。果真只为物欲而来,造物主不仅没了意思,干脆就是个弱智嘛,这块土地哪里还会有春夏秋冬,哪里还会有风霜雨雪,根本就不存在黑夜与白昼的轮替,或者,我们连出现都不可能。

我想说的是,我们能不能不聊阅读对考试的帮助,聊一聊阅读对一个人的精神充盈呢?况且,精神之需也不能说无用,对不对?

有人会说,别酸好嘛,在没有吃饱之前少跟我谈艺术。可是,我们今天只为考试而存在的教育行为是为吃饱吗？是纯粹只为吃得比别人更好，让自己出人头地才心满意足啊。人人都要最后的心满意足，在没有信仰的人群中，满足会是一种无尽的欲念，这无论如何也无法实现的。

我们从什么时候开始，做任何事，都显得那么俗不可耐？有比我们穷的地方，也有比我们富的地方，无论穷富，他们都能以正常的生活态度年复一年地走过四季，我们为什么就会被世俗的欲望撩拨得如此无法自已？连孩子读书求学这样的事情，都能在道德的车轮上疯狂旋转，让无限美好的人生经历变成生命的煎熬。这世上有许多事都不可用功利去衡量，更不要说去诱惑了，人性之恶一旦被唤醒，尴尬的是价值体系与道德常识。比如读书求学，今天有多少父母在以爱的名义摧残着自己的孩子？那么多的班，那么多的课，那么多的课外讲义与试卷，这不是爱，也不是为孩子的未来。我们打着为孩子未来的旗号干的蠢事太多了，该消停了。就课外兴趣班、课外辅导这事，别说一点儿大的孩子，换作父母自己，受得了么？在这样的父母面前，阅读最多只会发生在小学，而且阅读也只剩下一种功能，就是常被问到的那个问题——（对考好大学)有用吗?

不过,这种批评与否定,父母们并不会接受,而且觉得委屈,总要拉出现实种种来抗拒,此时他们嘴上最常说的话就是——大家都这样,身不由己呀。身不由己的背后是焦虑,焦虑的背后是对未来的担忧,担忧的根据是眼前的生活。可是,父母们难道没有看到,那么多的孩子费尽青春,用蛮荒之力进入大学,毕业了,又如何?生活的现实是社会长期积弊的结果,用考上好大学对冲不了,那是另外一个系统。在此等情况下,反过来让孩子自小在阅读中收获一种精神的韧性岂不更好?

换个角度吧。我们的父母总操心孩子的未来,可是,未来是父母们设想的未来吗?你的父母当年想象的未来是你今天的事实吗?不说遥远的过去,也不说十年前,五年前的父母能看到人工智能的今天吗?有无想过,父母们在今天的所有努力哪怕都实现,在未来可能却一钱不值?我们的文化,总是父母规划太多,就是不让孩子自己成长。如今连阅读都被父母规划管理了,如果考试没用,那就不读书。就算没用,这么赤裸裸的实用主义观点也足以令人警惕。如此的社会思潮,背后是多么可怕的景象。这是现实之恶,也是实用文化的恶果。

教师总能理解阅读的重要吧？远远不是。他们可能是比父母更反对阅读的人,即便是语文教师,也不见得人人理解阅读。我就亲见过视学生读书为大逆不道的语文教师。所有反对阅读的教师(校长、级部主任),要么认为阅读于考试无助,要么认为阅读于考试见效太慢不如多做几道试题,要么认为阅读太占时间综合考量性价比不高。在教育只为升学,升学就是考试,考试就是分数,分数就可评判教师优劣的学校里,不可能有真正的阅读发生。所以,我们在中小学校会看到非常漂亮的图书馆,但看不到阅读的学生；我们在报纸上经常看到书香浓郁、书声琅琅的校园和校长们对阅读斩钉截铁的自我标示,现实中却很少看到自由阅读的学生。

这是我对功利至上的世俗生存主张批评的原因。我们之所以太苦太挣扎,就是因为太实用太功利,读书求仕的时代远去后,我们迅速将读书的功用上升到过最好的物质生活上,将世间最不该功利的事情变成了唯功利的追求,父母送孩子去学校的目的就是考大学考好大学的好专业，以便将来找好工作过好的生活；教师在学校教书的唯一任务就是让学生去读好大学学好专业；校长管理一所学校的唯一目标就是抓升学、抓考试、抓分数，抓出一年比一年更好看的数字。教师是委屈的，校长是委屈的，家长是无奈的，是什么人干预了教育的走向？

敲字到这里的时候，刚好夜间 10 点钟，楼上父母训斥孩子的声音又开始了，声嘶力竭地怒吼。为人子女，仅仅因为某门学业表现或某次考试成绩就遭到如此喝斥，真是不幸啊！为人父母，即便你替这个小人儿焦虑，就要这么怒吼冲天歇斯底里吗？在这样的家庭，再提什么阅读，恐怕都是无用的。

所以，每当被人问到"阅读有用吗"都头大，都想反问他："我们能不能不以实用为目的谈一次问题？"想是这么想，实际上每次我都忍住了。

阅读有没有用？当然有用。问阅读有没有用就相当于问知识有没有用，问来学校有没有用，这问题其实挺没劲的。只是，他们所说的有没有用，是说阅读对考试有没有用。而且，关于阅读的效用，他们的心太急，犹如菜市场的买卖,要一手交钱一手交货。曾经有一位家长不客气地将电话打进来质问我:"孩子听你的话读了一学期的书,为什么考试没有啥长进?"还有一次与学生家长交流,他意味深长地叹了一口气,很真诚地说:"您说的我都明白,可是,我家孩子现在急需的是成绩,先得考上大学吧?不然……有什么用?"

对这样的无奈,我也很无奈。学生自小没有养成良好的阅读习惯,自然也没有形成独立思考的能力,等到成绩不行了就来找老师要手段。这样的家长应该好好教育。有些家长还有博士头衔,可见如今的有些博士也并无基本的教育常识,只是混出来一个学位证。

不过,还是谈谈阅读的功利之用吧,不然无法在一个频道上交流。一个有广泛阅读的学生,那些阅读过的书籍对他来说,怎么能无用呢?有人之所以还发出有用无用的灵魂之问,是因为他们并没有从一些读过书的学生身上看到他想看到的收获。简单说,就是有些学生的阅读没有转化成在许多人眼里比天大的考试分数。为什么有学生读了书,甚至也读了不算少的书,却老是考不出成绩来？这个问题其实非常复杂，并不能单单从学生读了不少书却没有见效来做结论。也许命题有什么问题，或许阅卷过程不十分严肃规范，也或许学生虽然书读得不算少但阅读过程欠缺了应当存在的思考……这些情况都会影响家长、老师对阅读的功利期待。我想说的是，一个学生的高中三年，如果没有那么多的考试不停打断学生的阅读，哪怕那个只阅读少思考的学生，高考的成绩都不会差。我们现在的问题是，不断地用周考、月考、期初考、期中考、期末考、联合考……打击学生的学习，让学生的学习不停地被间断，被碎片化，而每一场考试的内容又非常不严肃地进行专业对待，到头又反过来质疑学生阅读的效用。也就是说，阅读常不见效还有一个重要原因即学校的管理机制，比如频繁考试就是一例。

对教育专业之外的父母而言，他们的发问还情有可原，可是教师也只会从最后的数字结论出发，对阅读有没有用提出疑问，就是一种专业幼稚病。

当然，也有些人之所以问这个问题，是想否定阅读，或者他们认为不阅读也没有什么大不了的。他们自己当初也根本没读过什么书,不也考上了大学,做了教师,做了班主任、级部主任甚至校长了吗?可是,这些人没有看到的是,正是基于自己曾经不读书的经验,才会提出如此让自己尴尬的问题。当纯粹的知识已经不是考试评价的主要内容与方向时,他们当年"成功"的经验就成了今天学生阅读道路上的障碍。

说这个话并不夸张,直到今天,仍然有的学校旗帜鲜明地反对学生阅读。有位校长就非常明确地告诉我:我不赞成学生花大量的时间读书,我的使命是让更多的学生考上大学。更多的校长、级部主任在心里嘀咕:大道理我们也不否认,可是我们陪不起,只有更多的孩子考上好大学才是硬道理。

这些人将读书与考不上好大学画上了等号,逻辑在哪里?他们的认知是,读书花时间,影响学生刷题。在这批教育从业者的眼里,考好大学就要刷大量的题,一切影响刷题的事都要少做甚至不做。所以,我们才看到有那么多的学校没有体育课,没有艺术课,没有星期天,没有寒暑假,有的连课间十分钟都没有。

不要足够理性,只要能够理性,拥有如此认识的学校领导们就应该正视一个事实并思考,那就是自己的学生这么多年来始终没有得到阅读的滋养,每天都在拼命地刷题补课,可是学校高考始终不理想,这是什么原因?与一位校长私下交流,他的结论是还不够紧,要让教师再手紧些,学生再努力些,还可以将早上上课时间提前半小时,晚上下灯课的时间再推后半小时。我问他为何只能让师生增加时间而不能想想其他办法。他感叹:教师专业能力不足,教改说起来像朵花,真改了又没有效果,万一比去年成绩差点儿,那还得了?

在这样的学校,永远不可能存在真正的阅读。

如何在小环境里保持一所学校存在的意义?这是一个值得探讨的话题,作为校长,教育情怀不能缺失的同时,要有自己正确的教育理念,同时还要有符合国家期待的课程观与实践行为。并不是没有作为的空间,而是一些校长没有真正的专业坚守意志力,更缺乏必要的专业领导能力。

有些语文教师不承认自己的学生没有阅读,他们让学生读了不少时评文、背诵了很多写作素材,可是年复一年的学生高考始终不见起色。他们不知道的是,那些阅读不是阅读,那些背诵下的记忆不是认知。一个没有认知能力的学生,背诵再多的材料,也无法让记忆中的材料成为写作真正的素材。从这个角度讲,我是非常反对背诵的,只主张阅读、思考、讨论、辩驳,这是阅读的必然要义。

有人说现在的学生没有阅读的欲望,这个我不同意。学生的阅读欲望始终存在,是大人以学习的名义将他们最初的阅读兴趣一点点地剔除掉了。一个孩子在幼儿及小学时期有多么强的探知欲啊,一切读物都对他们有极强的诱惑力,升入中学后是课业负担倒逼他们放弃了阅读。只要我们允许、鼓励他们重新回到阅读中去,他们的阅读欲望就会重新被唤醒。同时,我们也要意识到,学生面临的外界诱惑是巨大的,在这个信息海量的时代,各种精心策划的内容无时无刻不在争夺学生的注意力。

在观察了许多阅读策略后,我发现有些方法非常出色,但最重要的还是先让学生愉快地接触书籍,而不是强迫每个学生都能完全理解和运用所读内容。语文教师应该明白我说的这句话是什么意思。

关于阅读，教师最重要的是帮助学生理解书籍的价值，启发他们主动去探求一个不确定的文字世界，而不是仅仅表面去完成一个形式上的阅读任务。

一味强调读了不仅要懂还要会用，结果可能会偏离我们最初的教育意图。

如何带着孩子读书

越是焦急想让孩子找到喜欢阅读方法的父母,基本上就是不读书的父母。

一个人阅读习惯的养成本来并没有固定的模板或模式,许多人爱读书是青少年时期有良好的家庭阅读氛围,也有不少人少年时代不读书,成人后变成了一个很好的读书人。如今许多父母都希望自己的孩子喜欢读书,都想找到一个明确的、清晰的、有效的能让孩子一下子就喜欢上阅读的方法,这是挺有难度的事。

据我观察,越是焦急想让孩子找到喜欢阅读方法的父母,基本就是不读书的父母。这样的父母多半也是卷孩子卷得比较厉害的父母,他们会让孩子去读各种学科课外辅导班,甚至一门课要上两个不同的课外补习班。这个父母群体队伍庞大,不少还是中小学教师。作为职业教育者,他们在对待自己孩子的教育上也一筹莫展,无计可施。

不读书的人当然没有读书的办法,读书人的读书方法又各异,他们交给这些不读书的父母一些个人的读书方法又不一定适合那个不阅读的孩子,所以焦急的父母们只能越发焦急。我的基本观点是,如果一个学生在高中之前还没养成良好的阅读习惯,他整个高中都不会好到哪里去了。这倒不是说高中不能扭转,高中三年本来也是能够重新让一个学生爱上读书的,只是现实的高中大概率指望不上,要看孩子造化。他能有幸到一所重视阅读的高中学校求学吗?他能遇到一个重视阅读的高中语文老师或班主任吗?这个可能性不能说没有,但多半是小概率事件。

如果我们能够理性地往前看,未来,随着人工智能技术的发展和其在生活中的普遍应用,一定会倒逼教育重新认真重视阅读。现在的考试评价已经在往这方面引导,只是传导有时间效应,要让大多数人都明白需要一个过程。写到这里的时候,我要说的是,一个家庭如果有良好的阅读氛围,孩子的阅读习惯并不要操心,父母要关注的是孩子阅读的范围是否过窄,如果过早体现了阅读兴趣的单一性,做父母的要适当加以干涉,尽可能让孩子对更多的领域保持阅读的兴趣。阅读的真正分野应该在高中高年级阶段,或者在大学,如果父母并不是阅读人又想让孩子喜欢阅读(这样的父母特别多),怎么办,有无一些具体的办法? 有。

这样的父母要想让孩子喜欢读书,先问自己一个问题:在一个不能算短的时间内(可能需要三四年的时间),自己能不能坚持与孩子一起阅读? 如果回答是肯定的,那下面这些读书方法才有效。

阅读复述是最直接有效的一种阅读能力培养方法。一篇文章,或者一本书,父母与孩子共读(一定得是与孩子共读)完以后,可以有两种复述处理方法,一是要求孩子复述内容,一是父母复述内容。如果孩子复述,他复述完后父母作复述正误的判断,反之亦然。复述内容是对阅读的强化训练,训练的不仅有阅读思维,还有表达思维,因为人在表达的过程中会有语言组织的思维过程。更重要的是,内容复述是潜在的阅读兴趣培养,人做任何事情都有渴望被肯定的心理需求,那种肯定并不只来自别人的口头表扬,还来自完成后的自我肯定,成就感是培养孩子积极心理的最好帮手。当然,父母可以在与孩子共读复述的过程中使用一些技巧,比如孩子明明复述得很好,但你就是强调说某个地方可能复述错了,于是回到文章或者书中验证,结果证明父母错了;父母在复述的过程中,刻意留下破绽等孩子发现并指出,然后大家共同去验证,等等。

共读过程中,父母向孩子提出帮助阅读请求,是培养孩子阅读兴趣的好办法。阅读成就感是一个人喜欢阅读的动因之一,在共读过程中,如果父母有意识地向孩子提出一些阅读困难,请孩子帮忙解决,这会形成孩子的阅读成就感,也会更快地帮助孩子建立阅读的兴趣。当然,这需要父母的阅读智慧,因为你的请求要符合孩子的年龄阶段需要。你不能对着小学的孩子提出你也不知道的人生难题,当然也不能对着初中的孩子提出的问题那么幼稚可笑。总之一个请求原则:适合年龄的阅读要求,你其实知道其中的答案,只是为了更好地让孩子对阅读感兴趣。

画思维导图也是一个不错的建立阅读兴趣的有效方法。在小学中高年级,思维导图应该应用到阅读过程中,可以是作品内容的思维导图,可以是作品结构的思维导图,如果是一本书也可以是人物关系的思维导图,等等。父母可以与孩子共画,也可以让双方各自就一个内容方向去画然后比较异同。如果父母是有一定教育经验的人,可以此时提出一些可能带来阅读发现的疑问与孩子商讨,也可以尝试着进行作品语言的替换来共同体会不同语言组织给人带来的不同阅读感受。思维导图可以一直画到高中,只是那个时候,孩子已经不需要你的共读,他需要独立的阅读空间了。

让人工智能与孩子一起去阅读。我们不能也无法拒绝人工智能给教育带来的重大影响,如何使用人工智能帮助孩子建立阅读兴趣,值得父母们关注。在我们的教育观念里,玩游戏会耽误孩子学习,但脑科学和生命科学的发展越来越证明,玩游戏会开发孩子的智力,培养孩子的创造力。就像知识很重要,但掌握什么知识,如何掌握知识,这比知识本身更重要一样,玩什么游戏,如何玩游戏,才是关键。2024年诺贝尔化学奖得主德米斯·哈萨比斯小时候也沉迷于游戏,他11岁就开发了一个黑白棋游戏程序,并用这个游戏程序打败了自己的弟弟。现在不少软件都能帮助到我们阅读,作为父母,你可以将自己的阅读感受、孩子的阅读感受先记录下来,放在一边,再将文章交给人工智能软件去分析,最后看看你和孩子的阅读与人工智能软件的阅读有什么不同,去分析这个不同,非常有意思,还可以与机器探讨双方的对错,乐趣无穷。这只是借人工智能帮助孩子建立阅读习惯、阅读兴趣的一种行为,当然还有其他,就看父母们能不能设计出来,这里不可能穷尽阅读的技巧与方法。

当然,最重要的还是家庭有良好的阅读氛围,一个家庭爱阅读,孩子会自然是个阅读者。这些方法只是提供给自己不爱读书又希望孩子能阅读的父母作个参考。未来已来,我们已经站在一个新人类世界的奇点面前,按照联合国教科文组织的说法,学会求知、学会做事、学会做人和学会共处在当今世界具有更强烈的现实意义,而阅读,更是变得比任何时候都重要。

以上的建议,只适合高中以前的阅读。

一个人如何读书

一个教师一段时间不读书没什么关系,但如果常年累月不读书,就应该意识到这与自己的身份不匹配。教师不能远离书,书的背后是品质。

这个标题容易给人误解,以为我是在给特定的人群说教,其实不是,我只是用这篇文字交待自己平时如何阅读,交流些个人读书的经验。经验在这里是动词,不是名词。不想用"经历"一词,"经历"只是一个"过程",无法完全表达我在阅读中的"体会"。

作为教师,做个自我判断,我还算是一个读书的人,虽然比不得那些爱读书的人,但一年多少还能读个十几本书。不过,这十几本书,有的读得比较仔细,有的读得就较为简略,有的只是略微翻翻大体了解一下。如果一定要向古人学习读书的智慧,那陶渊明的"不求甚解"、诸葛亮的"观其大略"都有借鉴。朱熹的"熟读精思"是做学问的招术,自己不是学者,"熟读"与"精思"只是偶尔沾点意思,不是我的阅读主流。

我没有具体的阅读方向,阅读大约可分为三类内容。一类是为工具的阅读。为了解决工作或专业上的问题,有针对性地去读,但不系统。一类是为兴趣的阅读。文学书是中学形成的兴趣,人文书是35岁以后的必读领域。一类是热点阅读。热点集中在社会思潮、科技浪潮和政治热点,比如近两年的人工智能科技就让我阅读了由基辛格、施密特、胡滕洛赫尔合著的《人工智能时代与人类未来》,社会快速老龄化、生育欲望低迷、经济进入下行轨道以及年轻人普遍的"躺平"状态让我翻了翻大前研一的《低欲望社会》。

之所以如此,是因为我不是一个专业的学术研究者,而是一位基础教育的实践者和观察思考者。"不是"让我不必将自己的阅读走向纯学术研究,"是"让我自己的阅读必须既要有对基础理论、专业学术的理解又要有作为教育从业者对社会人文现象的了解。

读专业的书,来自我对学科教育实践现实问题的观察，基础教育国家新课程标准的颁布，实践性学习的国家课改理念，意味着各个学科的教学进入一个实践变革期。2015年夏天我们就根据国家课标研制的相关信息预见到学科教学转型的问题，老师们遇到的最大麻烦会是两个，一是教学设计，一是评价设计。由于课堂教学必须由教师的讲授转向学生的学习，因此老师们最为熟悉的"教学设计"必须由基于教师讲授的设计转向基于学生学习的设计。学习是需要设计的，不仅学习的内容需要设计，学习的过程也需要设计。而"学习设计"是所有中小学教师的专业能力短板。同时，实践性学习必须重视过程性评价，而"评价设计"是高等师范院校师范专业教材中尚待完善的内容，在现实的学科教学过程中，中小学教师向来不重视过程性评价，更无过程性评价设计的专业技能。"评价促进学习"的理念虽然被广大教师接受，但何样的评价才能促进学习、评价怎样设计才是促进学习的评价则是中小学教师的专业实践难题。作为教学的实践者之一，我深知自己的专业欠缺；作为教学实践的研究者与观察者，我深知这两个专业能力对课程实践变革意味着什么。2017年华东师范大学出版社出版威金斯和麦克泰格合著的《追求理解的教学设计(第二版)》时,我第一时间就认真阅读并作了仔细的梳理,启发很大。2018年又研读了加涅的《教学设计原理(第五版修订本)》,2020年又读了约翰·G.吉克的《教育神经科学在课堂》。评价设计的书籍则主要阅读了《课堂评价:促进学生的学习和发展》(杨向东 崔允漷)、《促进学习的课堂评价》(王少非等)、《促进学习的课堂评价:做得对 用得好》(简·查普伊斯等)。这些阅读,对我了解与掌握新课堂理念下的教学设计与评价设计有了基本的专业理论支撑,今天许多人反感大概念、反对大单元,大约就是因为没有阅读专业基础理论。一个语文教师,不改变单篇教学的观念,就很难形成正确的课程教学观。我没有从事学术研究的欲念,也无进行学术研究的兴趣,阅读个别的专业理论书籍,基本就是为了解决工作中的实际具体问题。

人文领域的阅读主要看当年流行的话题,近十年间,众多出版社都做出了不算少的"顶流"选题,也推出了一批相当有分量的产品。有些阅读不仅烧脑,还相当痛苦,但很值得,也庆幸自己付出了时间。当然,除了当年的流行,也会看一些已经过去但被证明为经典的东西,偶尔做笔记，并不多。这与我对阅读的个人理解有关，我始终认为阅读如果不是为了去做专门的学术研究，只当自己生活的一部分，读了就好，有印象能记住最好，过后表面上忘记了也无所谓。其实，这么多年，我对阅读的体会是，只要读了就有帮助，以为自己忘记的东西，实际上可能悄无声息地进入了自己的思维里，化作了自己价值观念的一部分。

热点阅读上面已经作了举例，不再赘述。我想聊的是个人阅读行为中的一些习惯，这些个人体会的事，回过头来感觉很有意思。

第一个习惯是我决定去阅读一本书或者一类书的时候，就给自己定一个阅读目标。通常我会给自己定个期限多少天读完它，读完之后要达到什么效果。以我个人的体会，阅读目标的制订有助于我在阅读过程中降低放弃的可能性。如果一本书300页，我要十天读完它，一天大约30页。30页放在什么时间段内读很重要，因为每天要工作，有时还会有不同的事情要处理，根据自己工作的特点，我通常会把读书的时间放在晚上九点以后。读完之后要达到什么效果，这取决于我读这本书的需要，如果是专业书籍,我会要求自己读完画出全书的思维结构图和重要观点论述框架图,有时候也会要求自己寻找与此书观点不同的论述,然后比较作出判断。如果是人文类书籍,看过就好,个别时候会做批注,很简单的那种,都是随感而发。书读完就扔一边去了,专业的书籍也是如此。

第二个习惯是我一般不重读。我很少有对一本书阅读第二遍的欲望(不是没有),这很难说是个好习惯,但确是我个人的阅读行为。这个习惯可能跟做语文教师有关,教材文章要反复地教反复地读,是个负担,干脆自己的阅读一般就拒绝了重读。古人说,读书百遍其义自见,如果一个人真的要读很多遍才能读懂一本书的意思,要么他不适合阅读这本书,要么这本书对他而言没有什么阅读的价值,无论如何没必要花太多的精力在一本书的阅读上。在我看来,适合的阅读才是正确的阅读,古人的这种读书态度和方法是值得商榷的,这是典型的死读书读死书的体现。

第三个习惯是我会把各种书掺和在一起读。我的体会,长时间读任何一种书都让人疲倦,如果把人文、科技、专业等书籍互相掺和着读会提升阅读效率。桌几、茶几上我有可能放本诗集，随手翻；窗台上可能有本小说或随笔，休闲时读；床头上永远有人文读物，睡前不读会感觉一天没做完事；书桌是工作和读专业书的地方，当然太厚的书无论什么也都是在书桌前读的，每天晚上九点后的阅读基本发生在这里；随行的包里永远有本非专业的书籍，方便在高铁、地铁上消磨时间；如果周末有了时间，会去空间大的咖啡馆读小说。一周内，我最少要换三种阅读内容，感觉这样效率会高不少。

除了这三个阅读习惯，我觉得阅读的收获要及时记下来，如果不在书桌前，手机就会成为我记录阅读的利器，有时手打，有时口述，让手机里的备忘录帮助自己整理阅读收获。一些专业或非专业的文章，就是在手机里写出最初的大纲，然后在电脑里敲出来的。

不必把阅读当成负担，放轻松些。它不是我们每天必做的功课，某天某几天不读打什么要紧，但经年累月不去读书，与我们自己的身份不匹配，应该有种身份的焦虑。无论于生活还是于职业，教师都不能远离书，因为书的背后是一种品质。

穿行在校园里

这是一间江南院落,有条南北向的中央大道,北端栽满了垂丝海棠,南端长满了早樱和晚樱。我在其间生活了十三年。

我有十三年的时间,穿行在一所学校的校园里。

最初我住学校提供的宿舍,后来买房搬到与学校仅有一条马路之隔的小区里。无论是住学校宿舍还是学校后门对面的小区,我都是从校园最北端的生活区一直走到最南端的教学区。学校很大,有四百多亩地,我不紧不慢地走,从北到南要走差不多十分钟。十三年里,我极少骑车上下班,一般都是步行,下雨天也步行。没有特殊情况,我早上七点到办公室,中午在学校食堂用餐,下午下班回家,晚饭后再从家步行到学校,因为晚上要夜间办公。学校在晚上没有规定下班的时间,但学生是在九点半下夜自修课,所以老师们也常是十点左右回家。有几年,那还是住学校宿舍的时候,我每晚回家的时间都在凌晨。

这所我穿行了十三年的学校在无锡乡下,从前叫私立匡村学校,后来叫无锡县中学,再后来又叫锡山市中学,我来的时候这些名字都已过去,学校改称江苏省锡山高级中学。我穿行的十三年里校名终于没有再改动,不过有几年传说还要改,但最终没改成,很多人很遗憾。校名虽然换来换去,但学校一直安安稳稳地在乡下,先是在一个叫杨市的小镇,后来搬到一个叫堰桥的小镇。我来学校时是2002年的秋天,在这里一待就是十三年。

我喜欢这所学校。不是一开始,是后来慢慢喜欢上的。最初只是看中了她的安宁,学校在稻田里。校园里有成排的香樟、冷杉、玉兰,茂盛的樱花树与成片的竹林,教学楼前居然有一个小小的花园,她的图书馆(居然有图书馆)宽敞、明亮又少有人至。你在2002年的乡村学校里见过网球场吗?她就有一个,不大,小小地挤在油印室旁边的空地上。校园寂静,鸟的叫声异常清脆,雨天时那些欢唱还带着水汽。这些都不是重要的,重要的是她有一处江南院落,院落里有两株百年桂花树,2002年秋天里忽一日爆开,浓稠的花香把我一下子撞晕了。我想,单凭这桂花香,我也要到江南来。

我在心里真正喜欢这所学校是在知道她的前世今生后。1907年春天,科举制废除才一年多,离辛亥革命发生还有好几年,离鲁迅小说里的"一代不如一代"说还有多年,在江南的稻田里一所现代意义的学校却诞生了。这得要有多敏感宏大的视界?我们的乡村曾经有过与现代教育直接接轨的美丽想象,这真是太棒了。一些画面更是美好得无法直视,那些留美博士、留日学者居然甘愿坐着咿咿呀呀的乌篷船来到偏僻的江南乡下执一份教职。1927年(民国十六年),受聘执掌这所学校的就是一个叫殷芝龄的留美博士,杜威的学生。许多人怀念西南联大,殊不知在二十世纪二十年代的乡村校园里,我所就职的这所中学,学生用的外语教材都已经是英文原版教材了。

再走在校园里,就觉得自己满身的江南烟雨气,那些桂花,鸟鸣,纷飞的早樱,荷塘里的游鱼,都带着书香和深厚的历史韵味。

两年后学校搬到堰桥,除了校舍新了,校园大了,我要走十分钟的路才能到办公室,其他没觉得有什么变化。校园不一定在哪里,只要她旧有的精神在。

我依旧穿行在校园里,时急时徐。看着她满园的草木四季更迭,园里的湖面起起落落,看着一届一届的学生离开,又看着学生一茬一茬地涌来,我觉得自己慢慢变成了一个守望者。我甚至想着把自己变成一个路标,并不是指示方向,而是给自己的每一位学生留下一个他或她曾来过的坐标,留给他们一个成长的参照,让他们的青春在回忆起来时有意思。那个时候我就想,你能给学生多大的空间就给他多大的空间,你能给学生多大的自由就给他多大的自由,你能让他们有多任性就让他们有多任性,学生任性有什么不好呢?做教师让我做明白的一点是,学生真正的成长不是因为知识而是因为自由,学生有自由就会生出智慧,拥有智慧这个事太重要了。这些想法或者念头就是步行在校园里时产生的,有时是因为一只鸟,有时是因为一缕风,有时是因为一朵兀自开放的花。

一些改变就是在校园穿行后开始的。如今想,哪一年开始在课堂上玩的听力课?哪一年在课堂上有了演讲?哪一次在课堂上讲写作把自己讲哭了?哪一年开始让学生演出话剧《雷雨》?哪一年在学生的小教室里放上了几百本图书?哪一年开始有学生把他不懂的尼采哲学放在了读书笔记里?哪一年决心编一本学生阅读笔记?在哪一次课堂上,学生告诉我她怀疑司马迁对蔺相如的判断?哪一次我在课堂上对学生说像陈卫星老师这样的人不知道多少年才会出一个,锡山高中因为拥有过陈老师而骄傲?又是在哪一次课堂上,我和学生一起看到海因里希·伯尔的小说智慧?如此排下去会排很久,十余年间学生让我越来越喜欢他们,也让我越来越喜欢教师这个职业。教师做长了,会把自己的心做得柔软,这话一点儿没错。可是有一点,是学生让我自己做得越来越像个教师。

我还是离开了这所自己喜欢的学校。离开时是2015年1月,无锡刚下了一场大雪,很冷,我走过学校的大门去公交站台乘车,门口的保安师傅跟我打招呼,我说去市里上班,他们很惊讶。那是一次定格,温暖地留在了我的记忆里。我在心里说,再见,锡山高中。带着无限的感激与怀念。

但离开并不意味着精神上的告别。十三年间,这所学校给了我很多珍贵的记忆,许多美好的人与事,永远温暖地留在了我心里。这所包容了我十三年的学校,在给了我一份安然心态的同时,也成了我教育情结的皈依之地。就像今日,为她的110年庆典,我又穿行在校园里时,感觉自己又站在2002年江南院落的桂花香里,让浓郁的江南味道包裹了自己。我在心里,开始默念一个一个学生的名字。

2017年10月2日夜,于西高山听雨楼

学会为孩子疗伤

> 家庭是孩子疗伤的最佳场所。父母最重要的事情不是督促他完成作业,而是关心他是否快乐。

作家冯骥才说他有一次在爱荷华公园,见到一妇女拿着一件风雪衣与一个四五岁的小女孩说话,着急又认真,说个不停。过去一听,原来这件衣服一面是绿的,一面是红的,她要这孩子决定是红的朝外还是绿的朝外。她不替孩子决定,这是孩子自己的事。后来这小女孩决定红的。穿上后,两人快乐地走了。

选择是个人的权利——这一观念西方人从儿时起就深入心灵了。我们的父母们出于爱或不放心,更多地替孩子选择红或绿。不仅如此,我们还替孩子规划一生,选择一世。这种文化的差异孰优孰劣我们不谈,我们谈的是既然我们如此——替他做出了选择,我们就只能不断地面对孩子的委屈,替孩子疗伤。

可是,作为父母,在我们做出选择前,我们自己读懂了现时这个处在转型期的多元社会了吗?许多传统的道德理念正面临着多元价值观的冲撞和挑战,比如"孔融让梨"这样的故事,你可以把它作为谦让的美德灌输给孩子,我可以把它作为抹杀孩子自主意识的反面教材束之高阁。传统里,我们总习惯假设一种道德情境,然后以消灭个体存在的代价去教育我们的孩子应该怎么做,把我们的孩子放在一个他自己可以被忽视的地位上。"孔融"作为一个生命个体,他没有权利去平等地分享那些梨,要成为一个"好孩子",他只有牺牲的义务。忽视个体生命的平等存在,我们管这个叫"谦让",并且视之为一种美德。但平等和民主更是一种完美意义上的道德。这是从根本上尊重生命的人性法则,直到今天我们的教育都没有给予真正必要的关注。这不是一个理性社会的表现。相较于孔融式的谦让,我觉得平等和民主才能从更人性的角度上催生更有价值意义的"谦让"。

在对我自己孩子的教育上,我也是不断地走着弯路犯着错误,尽管我努力且经常提醒自己育儿的方式方法,但传统的力量真是太强大了,强大到你会不自觉地去做某件事,还以为是为孩子好,往往事后或一段时间过后才突然发现自己做的对孩子实际上是种伤害。好在每次我做了错事后都能主动向孩子承认错误,孩子也渐渐在我面前能及时谈出她自己的想法,所以直到目前我还没有让自己在一些错路上走得太远。若干年前,读海蓉女士的文章《抚养一个孩子需要一个村庄》,很感动。的确,后代的成长是一个社会的事,这个社会应该是规则的和有序的。一名外国公交车司机到一站台后能非常耐心地等待一位母亲把三个车上车下乱跑的三岁、四岁、五岁的孩子完全安顿到座位上才开车不仅仅是爱心的表现,更是有序和规则的体现,这不是司机的个人行为,更多体现的是一种对孩子负责的社会行为。我们目前没有这样的规则意识和有序环境,这就需要家庭作出更多的教育努力。孩子在与他人的交往和与社会的接触中受到伤害是不可避免的事情,关键是我们父母能不能有一种健康的积极的心态面对孩子在成长过程中出现的困惑。同时,还要尽量给孩子自主、独立、坚忍、民主、宽容、诚信的理性启蒙,让他们在不断的挫折面前最终形成健康、健全的人格。当社会不能给孩子提供完善的成长环境时,一个平等、和谐、宽松、民主的家庭环境是为成长中的孩子疗伤的最佳场所。

作为父母的你,准备好了吗?

做教师

只有真正喜欢做教师的人才能品味出教师这个职业自带的快乐。

我喜欢教师这一职业,作为一种生存的行当,它很宁静。

看学生没有杂质的眼神,我很放松。在课堂上与他们对话是有意思的事,有时被他们冷不丁地问住,真正地问住了,就老老实实地告诉他们不知道。看学生很兴奋的样子,我收获的是自己的快乐。有人说,教室就是出错的地方,这真是特别重要的一句话。

我是不大在意他们的分数的,数字能说明什么呢?数字对不同的人承载的东西并不一样,许多时候高数字反而代表了压抑、扭曲、品质的缺失,对一个孩子的一生来说,这是大人犯下的最不可原谅的过错。在爱的口号下,现在的学校与家庭很容易就犯了原则性的错误。教师也是如此,所以我愿意时时检讨。

我非常希望学生能有自由上课的选择,喜欢谁的课就上谁的课,喜欢什么课程就选择什么课程,因为我一直坚信责任感来自选择的民主,事实上,我们的学校没有给他们选择的自由。我告诉自己,一个好教师,应该在他有限的权利范围内给学生尽量多的选择空间。

许多教师有职业倦怠,我当然也有苦恼。做今天的教师,许多时候很无奈,常常不得不去做一些非教育的事情。至于不被理解,被批评,甚至被指责,都时有发生。有时候,是无法辩解的,因为批评者或是指责者并不是教育者,他们非专业的指责让人无法去解释。你的言辞不能被正确地倾听或者根本不被倾听,辩解什么呢?每当这时候,我干脆就让自己变成一个简单透明的倾听者。教育领域产生的问题有目共睹,但这不等于什么人都有能力去批评,这样说肯定会有人气愤至极,这就是教育者不得不经常面临的职业窘境。而另一方面,所有的人之所以又能谈论、批评教育,是因为今天的教育已经变得能让各种社会人批评,一些教育者对此感到奇怪,可作为一名普通教师,我却能理解。当教育只剩下知识教学,当知识教学只剩下考试数字,当道德教育也能够量化考核,我们的教育就不再是专业行为,教师不能再被称为严格意义上的教师。今天,我们竟然连韩愈笔下的"句读之师"都不及,教育者实际上变成了各种数字的制造者,这种流水线式的教育显然可以成为各种社会成员的指责对象。可悲又可叹的是,来自社会的许多批评者并不知道,他们自己正是教育灾难的制造者之一,正是他们各种非教育本身所能满足的诉求把教育推到了危险的边缘。他们一方面起劲地批评教育,一方面又起劲地制造教育灾难,面对这样无知的鼓噪者,你能辩解什么呢?

今天,做教师非常艰难,已经超越了职业本身应有的辛苦,我对自己都抱有深深的同情。然而,我仍然要对教师整体发出批评的声音。教育困局的形成很复杂,但我始终认为教师自身对身份意义的认同和坚守同样出了差错,实际上教师也确是教育问题的制造者。教师是谁?教师是做什么的?教师扮演什么社会角色?教师应该遵循何样的职业规范?这就是身份认同或者叫身份意义认同,任何做教师者在对自己的身份有了清醒的认同后就应该坚持为师者操守。然而,这一点我们做得并不好。

作为教师，我们既然能痛陈教育的异化或衙门化，当然也应勇于承认教师自身的工具化。只有先勇敢地承认这一点，我们的职业行为才有可能回归到健康的路径之上。教师自身的职业失位，是我不愿回应来自社会对教育指责的又一个原因。

我曾经在一篇文章中表述过，职业环境决定职业者素质与作为，那是我对教师从业环境的一种批评。然而在这里，我想说的是，职业者改造自己的从业环境不仅是一种责任，更是一种使命。做教师应更具道德意识，尽管我从来反感那些让人莫名其妙的职业荣誉定性，但教师职业的确有自己的道德标准和职业责任。我知道，教师真正回归其职业的正常行为是一条艰难的复归之路，但不去做该有的努力，也就失去了教师之为教师的意义和荣誉。让教育回到其固有的位置，这行动本身就是教师职业操守的一部分。

一些社会学者指出，我们正变得越来越平庸，教育高度应试化的表现让儿童发展遭遇了过早被技术化的危险，个体生命空间发育整体萎缩的趋势越来越严重。作为教师，我目睹了教育向应试异化最为剧烈的二十年，社会对教育过度的功利化追逐开始对教育造成破坏性的影响，而对未来社会的潜在威胁也已经显露端倪。那些正在被过早技术化的儿童，那些正在各种各样的学校里接受训练的孩子，都是未来走在社会主流知识方阵中的人群，他们对未来社会会产生怎样的影响呢？对这样的教育现实我们无法再回避。作为教师，我的态度是意识到问题的存在总比自以为是好，清醒的判断虽然暂时不能化为解决的手段，但同样鼓舞人心。我愿意看到做教师者的整体行动，愿我们为真正的教育付出各自个体的努力。

  这样会很难。整个过程意味着我们要不停地进行自我诘难，但这又有什么呢？做教师本身就是不断自我否定的一个生命过程，自然，也是一个职业过程。我依然能在今天基本保持职业的快乐，是因为一年四季的校园和各异但却单纯的青春让我品透了做教师的安宁。

第四辑　琐事琐思录

关于跨学科

常理、常识与认知

我为何而教

一场作文比赛琐记

我们为什么阅读

教育的难题

退化的汉语

对知识的认知

教师的慌乱与绕着走

教育需要安静地变革

关于跨学科

在未来几年,学科融合或者跨学科将是教育领域的主要叙事内容和叙事方式。

01

2024年10月9日,新一届诺贝尔化学奖诞生,共有三位科学家获奖,其中48岁的德米斯·哈萨比斯是以"蛋白质结构预测"的贡献获奖,可是,他是一位拥有神经科学博士学位的人工智能领域的科学家。2016年因为打败韩国围棋世界冠军李世石、2017年又打败号称围棋世界第一人的中国围棋选手柯洁而声名大噪的AlphaGo就是德米斯的团队鼓捣出来的,他们后来又发明了打败AlphaGo的AlphaGo Zero,而后者的围棋手段已经避开人类围棋的思维逻辑。2023年12月6日,谷歌公司推出的大型语言模型Gemini,背后也是德米斯·哈萨比斯和他的团队。

我们如何界定德米斯·哈萨比斯的研究领域？用传统科学无法定义他的贡献。这就是跨学科。我们以前都是以学科区分科学领域的界限，现在两个或者两个以上的学科科学领域的"跨界"研究司空见惯，随着人工智能的发展，甚至出现了无法区分领域的科学研究。

跨学科学习已经成为热点话题。

02

最初人类没有学科的概念，学科是随着人类对自身和生存环境不断理解、认识、思考、研究，知识越来越丰富而出现的。学科的出现最早可以追溯到古希腊哲学。

学科出现以后，知识的专业化促进科学发展的同时也界定了专业知识的领域和边界。虽然学科从出现开始就有一股力量主张知识的整合，包括主张知识分类编排的亚里士多德也认为哲学是超越一切具体知识的知识探究领域。这种知识专业化的益处与不足始终存在争议，但知识学科化带来的社会发展实际让主张知识整合的声音始终受到压制，无论这种不满有多强烈，也始终无法形成主流意见。其中一个很大的原因是自然科学的发展在十九世纪、二十世纪突飞猛进,让人类社会的进步有目共睹,而对学科专业细化过度的担忧声音主要来自人文学科领域。

03

人文学科本质上就是跨学科的,因为人文学科关注的是人类凌乱且无边界的状态,他们研究的也是人类创造意义的整个混乱过程。人文学科之间实际上也是通过跨越学科知识边界寻求改变与超越,因此,人文学科对组织知识的方式一向保持开放的态度。比如我们通常说的一句口头禅:文史不分家。

04

学科整合或者跨学科的声音渐大是二十世纪末和二十一世纪初的事。随着科学的发展,就连自然科学领域的学者也意识到了跨学科是一种理所当然的学术趋势,在跨学科的前方已经隐约显现了人类今天尚无法预告的奇崛风景。

05

2024年的诺贝尔化学奖颁给了人工智能领域的顶尖学者,这是神经科学、化学、生命科学与算法的跨界,等于宣告了学科在细分了几千年之后正在走向崭新的融合或者开启了跨越专业知识的那道曾经被人视为"傲慢的专业"的边界。1930年西班牙哲学家加塞特批评学科分化后出现的一个新现象——有知识的无知者——学科细化带来的专业鸿沟,由此也引发了专业的傲慢现象。看看如今现代医学的分科就能明白专业细化所造成的"有知识的无知"。而人工智能的迅猛发展让今天的科学研究体现了学术融合的发展态势,哲学上的全人教育很可能也会衍生出全科学的教育,至少,跨学科已经成了自然科学领域的事实存在。

06

这场人工智能领域掀起的科技大潮会如何重塑人类文明的形态,我们目前尚无法预料,但它对世界教育领域的颠覆性影响则无人可以回避。中国的基础教育即将迎来更大规模的变革是一个显而易见的预测,无论我们的课程架构与课程内容如何调整,无论我们的学科教学如何变革,通识性的教育是一个无法绕开的话题。人工智能时代的学校会是什么样子呢?

不论是啥样子,一个生字写五遍,一篇古文要背诵,一个事件的发生时间、发生过程、历史意义或者历史教训要记忆,一个原理被反反复复用计算证明的知识目的时代正在加速远去。

07

我们不去拥抱一个崭新的数字文明时代,这块大陆与世界的距离可能就是石器时代与工业文明的距离。

教育,是最应先做出反应的领域之一。学校,是最应先实践的场所之一。起码,那些高品质学校和出了教育名家的学校要率先做出应有的反应。

常理、常识与认知

常理并不容易被遵循,常识也并不容易被接纳,这都是认知出了问题。

01

先知书店发私信,问要不要阿伦特《黑暗时代的人们》。其实我有,十四五年前的版本,但我还是要了一本。同时又要了阿伦特的另一本名作《心灵生活》。

酷热的夏天,在无锡乡下,试着把目光投向抽象的生活,看思想者如何看待"思想",是很有意思的一件事。

02

李娟接受访谈,没想到她整出一句:谢谢你一坨巨大的赞美。

这句话引起了巨大的反响。巨大到被称赞的一方出来解释。

李娟不再是那个《我的阿勒泰》里的李娟,那个李娟还没有俗世里的烟火气,或者说她那时浑身是那种宁静纯粹的烟火气。有谁会不为这个巨大的社会改变呢?

绕远了,回到"一坨巨大的赞美"。教师特别是语文教师可以在课堂上与学生讨论这句话,更可以围绕这句话讨论,如果学生了解视频里对话的双方。这种讨论比让学生背诵作文素材、历史名词和各种题目解法有用。

03

齐奥朗是个虚无主义者,这在以前肯定会被批倒批臭。好在科学告诉了人们一个事实:时间并不存在,你并不存在,你看到的都只是你愿意看到的。如果你能理解科学的这种理性与残酷,你就能理解齐奥朗这个怀疑论者的主张,他主张在世界的反面生活。这个人总是站在绝望之巅,用绝望的表达告诉你有希望的未来。其实时间都不存在,哪里有未来? 只是啊,人都站在绝望之巅了,还能绝望到哪里去?

这个时候,量子力学告诉你,世界或许是由意识构成的。所以,未来仍在。一切都是这么完美。所以,相信科学的人也应该相信有一种力量会惩罚那些制造灾难的人。

教育者尤其要懂得这个道理。

04

有些话，不能推敲。比如……守株待兔。

都知道这个寓言故事是对固守经验者的批评，中小学教师在课堂上能做到让自己的学生对靠在树上等候收获的农夫嗤之以鼻。可是，今天的课程变革实践就是让教师放弃经验教学的老路走向国家标准，却几乎遭到了所有人的无视。

05

在守株待兔这个寓言故事中，大家都嘲笑那个幻想中的农夫，可是被批评者会接受你的批评么？他的经验告诉他，如此的确可以收获兔子。中学语文教师的经验，让学生背诵范文、背诵素材的确能让学生在高考中收获理想的分数；中学历史教师的经验，背诵历史事件发生的时间、经过、意义和教训是有用的；连数学、物理、化学老师的经验都可以告诉你,学生背题是可以在考试中用上的。

经验可以让一个人至死不渝。

06

守株待兔这个寓言,可能还有另外的读解角度。再说一个吧,我们有无想过,关于这个寓言,批评者的批评其实都是臆想。因为批评本身忘记了一个常识性的前提——兔子永远不会自己撞在树上,而且,撞死了。也就是说,这样的农夫其实是不存在的。连一个被批评者都不存在的讽刺寓言里,寓言到底讽刺了什么?

在我,更愿意认为守株待兔这个故事并不是批评守株的农夫,而是提醒无数的"傻瓜"牢记生活常识。

想想课堂上教师给学生讲解这个寓言的画面都觉得有趣。这会让人感觉站在一个非常荒诞的戏剧演出现场。至于什么原因导致如此尴尬的因无常识而演绎出来的困局,实在还是因为教育的结果。

07

如果照着这个思路走下去,你会发现我们好多寓言其实都是多解的,违背常识教育人而被人全盘接受的就有好几个,比如掩耳盗铃、揠苗助长、愚公移山、滥竽充数……

生活里既不会有个捂住耳朵偷铃铛的人,也不会有拔苗助长的人;既不会有愚公这样的山民存在,也不可能有不懂吹竽却能混进吹竽队伍的人。

有人会认为我歪解了寓言的寓意,那我们是在不同的轨道上碰巧说了同一个事情。可以各自走开,相安无事。

我只想问:为什么生活里根本不会存在的事情却能被人忽略常识前提而接受?其他人不谈,从事教育的人要好好想一想。

08

寓言尚不可怕,可怕的是教育者在教学上的一些"名言",它们更要命。这里只举一例:要给学生一碗水,教师要有一桶水。

作为教师,在给学生水前最好先搞清楚,给学生的水是什么水。是天然矿泉水还是地表水?被污染了吗?

之所以说这个话,是因为到今天仍然有不少教师在做毫无认知能力的事,比如还在课堂上向学生灌输二十四孝。你别不信。

作为教师,今天还要知道,"一碗水""一桶水"的背后是知识目的的教学。知识目的的教学不是教育的目的,不应成为职业的目的,大家都尊孔,孔子两千年前就指出来人学习的目的是什么。今天,多少从事教育的人连这个起码的常识都不顾呢?

退一万步,即便是为了"水",学生需要"水",也必须是他自觉寻找、鉴定、辩证去得到和拥有,而不是教师如今这般地去"灌"去"塞"去"刷"。

我为何而教

作为教师,我为何而教?这是个问题。

01

作为教师,必须要思考一个问题:我为什么而教?

02

其实只是这么问,问题就会显得很笼统。因为人们思考的角度会很多,"我"为什么而教?就像一千个读者就有一千个哈姆雷特一样,每个人的回答都可能不一样。

03

单从职业目的,就可以有不同的回答。为族群的未来是一种,为了人是一种,为养家糊口是一种,为活着也是一种。即便是为活着的职业目的,还有物质与精神的界分。

04

如果是从职业行为出发去思考为什么而教这个问题呢?

我们是为知识而教?为知识而教有两种为知识的方法,一是让学生通过记住知识而拥有知识,一是让学生理解知识而拥有知识。这二者的区别很大,前者只关注知识的去向,后者关注获取知识的途径和方法。前者只关注学生对知识的拥有,后者关注学生拥有知识的过程和手段。

05

为知识的职业行为,我们这儿通常走的路径是记忆。记诵是我们的知识教育传统。我们虽然强调过理解性记忆,但理解的途径还是记诵。这有点儿像武侠小说中周伯通的左右互搏。古人说"读书百遍,其义自见",这已经很糟糕了,但其中还有一点点品悟的意思,我们今天干脆只选择看见"读百遍",责成学生记住背出。知识最终是记住了,然后呢?就没有然后了。如今有知识就行的时代一去再不回来,只会留下满脑袋死知识的人在风中凌乱。

06

为知识的职业行为,我们期待教师带给学生理解知识的路径与方法。在 AGI 都要到来的人类时代,会不会默写出一首诗,能不能背出某篇古文,记不记得一个哲学术语和历史事件,实在已经不重要了。就像当年周树人讽刺有知识者懂得茴香豆的"茴"字有几种写法一样,我们今天基本的教学手段实在与这个世界的现实与未来不配套。

07

有人会以记忆知识是积累知识,没有知识积累哪有知识基础,没有知识基础哪有创新创造来反驳吗?

拥有大量的记忆知识就拥有了知识基础的依据在哪里?这是一种经验式结论。而经验有时候靠得住,有时候是靠不住的。

特别要强调的是,有了知识基础就一定有创新创造么?未必。要知道,创新创造的前提是自由、兴趣和机制的保证,而不是基础。

在有创造之前,我们要先从基础知识牢固的自信里醒来。

08

其实,教育这个职业,其真正目的并不是为知识,而是为人和为人的智慧。成全人的教育和为智慧的教育不能只停留在我们的口号里。今天,我们都能看到无人驾驶的汽车在大街上奔跑了,马斯克的太空探索都能让普通人参与了,一个小机器人就可以自行拐走一批机器人了,未来不长的时间内甚至AGI都要来了,我们的教育怎么还能停留在知识灌输的层面呢?

必须清醒过来。

如果我们还希望在这个星球上能存在,智慧的拥有应成为我们生命的目的需求,我们的教育行为只能为人和为人的智慧而存在。

为人,就不能只有知识,知识本身并不能给我们堆砌出人的未来。为智慧,也并不是知识叠加的结果,更不是灌出来的。所以,一些最为熟悉的知识教育手段,应该尽快退出我们的课堂;一些最为熟悉的教育管理手段,应该尽快从我们的学校里消失。

09

今天的互联网,许多时候是一个杂乱无章的大杂烩集散地。我们在享受资源与信息互享便利的同时,不得不接受它众声喧哗的混乱。

有时候我会想,天哪,科技带来理性的行动还是带来狂躁的冲动?任何一个公共事件,都能引起专业水平和权威性参差不齐的各类人士相互争吵。特别吊诡的是,越是不专业不理性的人群声音越响亮。这让人想起勒庞在《乌合之众》里一再强调的群体无智行为,现在,它已经从生活中的现实广场迁移到线上的虚拟空间里。

一场作文比赛琐记

这个世界是拉不直的问号,需要新一代年轻人去思考。

01

2024年12月14日至15日,江苏省第二十三届"中学生与社会"作文比赛在南京举行。高中组有四道写作题供现场比赛的学生选择,这四道题是:1.我不言语,但到处是我的声音;2.阳光沿着思维流下来;3.这个世界是拉不直的问号;4.以"那个小机器人又一次想拉我的手"为开头写一篇文章。

02

二十三年前,第一届"中学生与社会"作文比赛在南京举办时,所有人包括促成这项赛事的倡议者可能都没有意识到这样的写作主题在二十多年后的价值与意义,因为那个时候"中学生"与"社会"并没有今天这般隔阂，也因为那个时候课程变革的核心内容还没有如今天这样清晰和急迫。课程变革二十多年过去了，这场轰轰烈烈的课程实践的解放运动变得举步维艰，基础教育内卷到学校唯一的使命是把学生送到更好的学校里去，尤其高中教学，只剩下了升学的现实。学生尤其中学生，越来越远离社会。国家课程愿景与现实教育场景距离如此遥远，教育管理者、教育研究者与课程教学实践者似乎都束手无策，实在让人万思而不解。但该做的事还是要做，正是今天的中学生远离了社会生活，我们就更有理由提醒家长、学校、中学生要关注迅猛发展的现实社会。学生发展关涉国家未来，有些素养错过窗口是无法补救的。

03

四道题中，我最满意最后两道题，因为它们与大赛主题"中学生与社会"高度契合，我们迫切需要今天在校的高中年轻人关注当今这个日益变化、飞速发展的世界，人类社会还从来没有遇到过这种巨变，作为未来社会的主人，应该现在就要关注一些重大的人类问题。另外，我还特别中意一道题"班味",只是在命题讨论过程中被否决了,我以为"班味"作为2024年的流行语,本身就与社会直接对接,而语词自身丰富的社会内涵也能很好地引导高中生关注并思考现实,打量未来。

04

"我不言语,但到处是我的声音",这道题给写作者的挑战是对"言语"和"声音"的理解,尤其后者。"声音"是种象征性的表达,可以是情绪,也可以是影响,更可以是言语过后的氛围。但无论这里的"声音"是什么,"到处是我的声音"体现的是一种"效果",是言语过后给他人造成影响的余响。理解了这一层,文章写作的好坏就取决于写作者书写在"我不言语"前到底发生了什么。它可以发生在家庭、学校、社会的某个瞬间,也可以发生在某次"阅读"过后,这个阅读可以是书籍,可以是影视,也可以是新闻。写作的文体看写作者的选择,可以是诗歌,可以是小说,可以是短剧,也可以是论说。文章的深浅,看个人认知能力的高低。这道题,我们的目的就是要看高中生的认知能力和思维水平。这种文章能写好,任何高考写作都是小事情。

05

"阳光沿着思维流下来"。这道题中,"阳光"流不下来,流下来的一定是其他什么东西,它们只是被人以"阳光"的名义定义了。那么"阳光"是什么?是爱,是温暖,是柔情,是经历、发现和洞见带来的以上情绪的变化。这一切都拜托活跃的思维,要依靠思维的碰撞,让思考者的内心有了收获,让经历过后有了温暖,有了感动,或者有了激情。关注、经历、思索、追问,让这种阳光般的情绪不断涌现,照亮人的内心世界,让每一个看到的人都感同身受。做到如上的表达,写作就成功了。

06

"这个世界是拉不直的问号"。这是一道提醒高中生关注社会,关注世界,关注人类自身的思考题。自有人类出现以来,这个世界就始终处在人类自身制造的各种困苦和灾难中,无论人类如何挣扎,似乎永远走不出自己戕害自己的魔咒。即便文明发展到今天,野蛮的力量仍然让这个世界不断处于战火里和极端暴力中。极端分子,恐怖组织,环境问题,种族纷争,饥饿难题,贸易争端,单边主义……旧的问题不去,新的问题又来,这个世界就如一个永远拉不直的问号。在这样的人类命题面前,我们的高中年轻人应该做出自己的思考和追问,可能没有结论,但不能不去叩问和投去严肃的目光。思考的人多了,警惕的目光多了,付出的行动多了,这个世界的问号或许就不会那么弯曲。即便最终难题依然如初,但我们毕竟努力过。这是为人的责任,也是生命独立的意义。

07

从 2018 年始,为了引导高中学生关注思维能力和想象能力的自我培养,每年的写作命题都要留出一道固定的题型,今年也不例外。今年是以"那个小机器人又一次想拉我的手"为开头写一篇文章,这道题与往年最大的不同有两点,一是引入了人工智能的要素,二是它可以写作科幻文章之外的其他文体,比如写作一篇关于人工智能发展的理性思考文章。以 ChatGPT 为标志的人工智能大模型自 2022 年 11 月横空出世以来,仅仅两年的时间里,我们不断接到人工智能迭代升级的重磅消息。人工智能的未来是什么?人类的未来会怎样?今天的年轻人不应该不从校园和书堆里抬起头来,打量并思考一个既清晰又不确定的未来。而且,这也是"中学生与社会"写作主题的要义之一。

08

这场写作,高中学生的表现观感如下:

1. 他们的生活与社会生活是两个世界。虽然之前也有这个问题,但现在这个问题越来越突出。具体的表现就是他们能把这四个命题都写成科幻式的想象文章。

2. 技术的痕迹越来越重,高考作文体式成为他们无法割舍的表达方式。虽然获一等奖的作文中并无这个问题或者这个问题并不明显,但大量的参赛者在用考试体写作,中学写作教学的技术性路径影响了太多的人。这一方面体现了中学一线写作教学存在的问题在平时的考试中没有得到纠正,一方面体现了"中学生与社会"作文大赛在市级复赛时普遍没有关注学生存在的写作问题。

3. 学生的认知能力、思考水平在下降。因为这一点,绝大多数参赛者的写作只有表达没有社会。这是教育内卷加剧的直接后果,从学生的这种考场表达反推当前学校教育存在的问题,有两个结论:一是学生没有阅读;二是学生没有抬头看世界的空间与时间,难以主动去关注现实社会的脉动。

09

每年,几乎每位参赛学生的身旁都有至少一位家长陪伴。绝大多数家长可能就是抱着一纸证书的目的而来,但仅是这个目的是有问题的。作为家长,要懂得让孩子抬起头来,放出眼光,去关注并思考窗外的世界,这一点比写作考试本身重要得多。拥有知识就行的时代已经远去,考入一所好大学学到一个好专业就行的时代已经过去,孩子求学的目的、进入大学的目的和如何进入大学,需要家长们好好思考了。

我们为什么阅读

世界给了我们太多阅读的理由。

第四辑 琐事琐思录

01

生活中常常看到,越是不读书的人越自信。

为什么不读书的人特别容易有膨胀的自信啊,多半是他的视界里没有参照物。

在一个几乎已经没了文盲的国家里,阅读应该是国民中的一种生活常景才好。

02

阅读会让人拥有另外一种生活。文字可以营造一种真实的幻象,让此刻的你延展出立体的自己。最平常的生活在文字面前会被层层剥开,人们可在丰富的细节里观察层次的意义,并热爱自己,拥抱世界。

03

读到一句话:当你的生活越丰富,就越不想读书,因为你发现书里呈现的东西远远没有生活呈现的精彩。

这句话如果正确得有个前提,那就是你已经是个阅读者。

阅读者会有自己的大脑和眼睛,他会发现最魔幻的世界在现实世界面前都是小儿科。

人类的想象都是简单的,是现实让这个世界越来越复杂。

04

越是伟大的作家,越在忠实地记录生活。别相信那些科幻作家的描述,他们只是将眼中的世界加上了他们简单的想象,他们胜在你熟悉的陌生地。何止科幻作家,马尔克斯的荒诞和博尔赫斯的混沌,就是将你熟悉的生活加上了你不熟悉的技巧。真实的现实其实都是抽象的。你看不到现实中的魔幻,只看到了真实的表面,连细节都没有看到。

你生活在生活中,生活却给你蒙上了眼罩,如果一个人的眼睛没有穿透力,就会像头驴一样在生活的磨道里转圈。

所以,好作家的记录和我们普通人的记录就是不一样。他们有一双审视的眼睛,冷峻地过滤了生活的幻象,直达残酷的现场。

也因此,我们要阅读。

05

生活中我们也会遇到读书无用的情况。先申明,这里的无用与好多人所说的考试有用无用无关。这里的无用是生活中你与他讨论生活的现象或道理甚至是生活常识时会痛心疾首,你会觉得他书白读了,他会坚定地认为你不对,甚至认为你不健康。我要说的无用是此类。

造成这种无用现象的原因证明了一个道理,只阅读没思考不行,阅读只接受不行,没有对比阅读不行。其实就是,阅读应该是不断怀疑甚至否定现实自我认知的过程,不如此就会导致阅读无用。民间以前对此有个形象的说法——读了一辈子瞎书。

06

阅读的指向无非是过去、现在和未来,过去是历史,现在是重复的历史,未来是未到的历史。如果我们不仅读历史,思考历史,并且在生活中尝试着去改变,哪怕是些微的改变,甚至那些改变仅仅是认清了历史的局部,人的生存都会有巨大的进步。古今中外的人类历史无不证明了这一点。

07

阅读绝不仅仅是纸质的,还应该是生活的。生活前缀上阅读,一个人的眼睛就应该是思想着的眼睛,不然,就是行尸走肉,哪里谈得上阅读生活。

08

如今的高中生连纸质书都快不再读了,哪里还会读生活。

一想到未来社会中行走着的人群就是些只读过几本教科书的人组成的,莫名就会有种恐惧。

09

坏人有了知识会让人不安甚至忧愁,这就更需要普通的好人能够好好阅读,带着眼睛阅读。

读书的普通好人多了,有些有知识的坏人就不太敢想怎么折腾就怎么折腾。但如今大批的好人并不阅读,这就是个问题。大批好人不阅读,就没有认知,没有认知有时就会让人担心甚或恐惧。

读了书的坏人和没有读书的好人,都是个问题。

10

的确,读书,许多时候不仅不会给人解决问题,可能会带来更多更大的问题。不但旧难题没解决,新麻烦反而先到了。

然而,这正是读书的价值之一。

11

书籍并不提供人生答案,甚至只是提出更多问题。但问题的价值之一是让人思考,一个人因为阅读而思考的时刻,可能也是远离冷漠靠近敏感、远离傲慢靠近柔软、远离寂寞靠近孤独、远离欲望靠近智慧的时刻。

12

阅读,是一个人拒绝人群拥抱世界的一种方式。现实中,人群会给你无限的压力,而阅读,会让你体验这个生命体还有可以救赎的可能性。

13

不读书的人可能是愚蠢的,但有些读了书的人可能会变得更愚蠢,有些读成书的人虽摆脱了愚蠢却又成了坏人。

读书的结果可能是四种,一是读成了蠢蛋,二是读成了坏人,三是读了白读,四是读成了好人。第一种极少,第二种有些,第三种不少,第四种最多。单看人类文明史就明白,还是读成好人的多。

读书人一旦成为坏人,灾难是海啸级的。读书读成坏人的人正是利用看不到阅读希望而不阅读的人或者因阅读而愚蠢的人的无知制造灾难。

14

在我的视界里,最好的读书收获是:

有时候,即便别人的立场与你相左,甚至与你形成了水火之势,但你能意识到他们都有自己的理由,这个时候就是读出来了。

这是一种价值自由。

15

以上关于阅读的断章最想说的是——阅读是复杂的,阅读不一定解决问题,阅读甚至可以招致难题。但谁拒绝了阅读,谁就会承受不阅读带来的人生代价。那些通过阅读变成坏人的阅读者,正是看中了如今多数人的不阅读和不会阅读,肆无忌惮地作恶。

所以,我们普通人更应该阅读,通过阅读提高认知,防止自己上当。

16

其实,我最想说的,还是做一个教师不阅读怎么行呢,作为父母不阅读怎么行呢,在学校读书求学却不阅读,怎么能可以?

教育的难题

教育不应该让人痛苦。

01

当学校将高考、中考成绩作为唯一的尺度去衡量教师的专业水准时,学校也就不能称为学校了。这样的学校越多,未来就越没有未来。

02

无论从哪个角度去谈,学校存在的目的都不可能是让更多的有心理疾患的年轻人进入大学。学校存在的普遍意义和朴素价值是让更多的受教育者拥有健康的体魄和灵魂,在这个基础上再努力让受教育者拥有可能的智慧。如果做到这些,就已经是理想的教育了。最最糟糕的事情是一些学校和人打着使命、责任和负责的旗号摧残年轻人的心智。

03

有人会说,没有理想的教育,那些理想的教育只能画在纸上。不能说他们说的不对,可是,理想的教育不存在或者只能当个目标也不等于我们可以不看朴素的教育要义,无论怎么说,最起码,教育不应该让人痛苦。

04

一个少年,假如从七八岁开始,他的生活就是由各种知识学习填满,从睁开睡不醒的眼到夜里困得睁不开眼,整整一天都在学习学习学习,天天如此,日复一日,年复一年,其间还要日练周考月测不断被唠叨,这样的日子要过十年不止,他得有多沮丧?人最该快乐的十几年结果全被不快乐占了,每个成人,都该尝试着站在少年的位置望望他们如今每天的生活。

05

变态的校长能有几个呢?事实是只有痛苦的校长。尤其在一个只盼孩子能考入985的社会诉求时代。但是,即便如此,作为校长,还是应该有起码的教育情怀,尽量少为现实的功利使尽全力。

06

所有从事教育并有教育梦想的人也别怪社会的功利要求，社会只会是功利的，无数的家庭不得不操心子女未来的生活，他们不想让孩子过得比自己还辛苦，所以很多时候家长是着急的。他们不知道的是，他们倾其所有，好心最终基本办了坏事。作为父母，我们的文化传统没有不操心选项，又总是常常操错心。这是没办法的事，从事教育的专业者要有足够的职业耐心和强大的抗压能力。现在的问题是，几乎所有的教育从业者都纷纷跳进内卷的坑塘里争先恐后地搏击，他们有时候比社会上那些焦虑的父母还焦虑。

07

与一群语文教师聊天，聊着聊着就说语文教师还是要有职业身份意识，语文教师不能彻底沦为一个纯粹的功利诉求者和实际的刷题匠。一位老教师和一位年轻教师同时嘴角上扬，露出鄙视的眼神。我很平静地接受了他们的鄙视。

08

最近看到两例著名的心理学实验。一是"斯坦福监狱实验",模拟实验的结论是,锁住人类自由的不是监狱的有形高墙,而是人对角色规范认定后形成的心灵枷锁。另一个是米尔格伦的"权威服从试验",这个试验显示,在权威(权力)的诱导下,个人在不受任何胁迫的状态下也会自觉自愿地伤害他人。我纳闷的是,他们为何不接着试验呢?比如在角色认定后的人群里放进一个正常的人,结果会怎样?对不受胁迫地伤害他人的心理学实验,并不能用汉娜·阿伦特的平庸之恶的概念来对应,平庸之恶还是一种对自己思想的消除,对下达命令的无条件服从,米尔格伦的实验结果只能用"上帝的迷惑"来解释,用宗教的宽恕去对待。看是无解的内卷,是上述两种实验的结果在教育领域的复杂交织。

没有教育,就没有人类今天的文明。但也正是因为教育,也才有了人类今天的诸多难题。这是教育的困境,更是人类的难题。

退化的汉语

我们的语言就是我们的历史,修复汉语首先是教育者的责任。

01

今天,我们不得不接受汉语退化的事实。"独立小桥风满袖,平林新月人归后"的言辞之美如今有了很大的改变,在宋之后尤为明显。

很少有人对此忧心,殊不知语言的退化会败坏人的思想,而思想败坏后的人群又会进一步让语言退化。这不仅会直接影响到汉语文化的存在,更会影响到族群生存本身。虽然这是一个缓慢的时间周期,但结局非常不美妙。

02

汉语优雅的书面污染最初发生在元杂剧,后来存在于"水浒"类的文人表达中,前者将粗鄙的俚语烂辞引入,后者将绿林好汉的口头脏话带进,随着时代更迭,坏语言蠕虫般影响了人的大脑。这场污染遥远漫长且无声息,每个时代的具体表现都不相同。

03

不要以为只有骂人话才是脏语言。一切乱造的有损人尊严、生活尊严、文化尊严的语言都是坏语言。

04

只要稍微认真就会发现,俚俗恶语成不了风浪,坏的汉语来自两个方向,一是文人的书面表述,一是官府文书。细究起来,坏语言最终的源头只有一个,那就是握有知识权力的人对母语的不尊重,文人在其中的作用是决定性的。他们用知识的力量破坏了自己造就并生存其中的语言文化环境。这种卑劣的文人不必成群结队,每个时代有若干个就行了。

05

有人想过为何会出现语言的败坏这个问题吗?很多是情急之下需要而又无现成合适的语言可满足需要时所做的语言选择。是一种"急不择言"的语言任性。语言任性可以普遍发生在任何阶层和任何场合,但成为语言污染的那些任性语言除了足球场上的语言宣泄,就是握有语言权力者制造的坏语言,那种为达到目的使用奇巧的语词构造方式组成的让人无法明白的言辞,最终败坏了汉语表达的质量。当这类坏的语言达到一定程度时,语言污染就普遍发生了,普通人群总在这种语言环境中生活,思想被败坏就是顺理成章的事。

06

语言的净化与污水的净化同理,我们首先不能往语言池中再注入坏语言,同时利用语言文化自身借时间淘洗掉那些坏语言。当然要相信时间的力量和汉语文化自身的力量,但首先要知悉当下汉语面临的危机已经不是普通的危机。

07

　　语言也是人认知能力的一部分,在帮助我们思考、记忆和解决问题的同时,也塑造了我们每个人的自我意识、世界观和逻辑思维。你使用何样的语言,终将成为何样的人。也因此,我们的语言就是我们的历史。

　　为未来计,教育者首先要修正汉语的粗鄙化倾向,在教育的现场对语言保持足够的警惕和敬畏,远离坏掉的语言,让雅致回到生活场景中。

对知识的认知

我们对知识的基本态度需要反思和再确认。

01

知识太重要了。因为知识,人类才有了今天。可以说,知识是人类社会发展的决定性动能之一,看看2022年11月以来人工智能大模型浪潮般的迭代升级就能明白知识进步与人类文明间的关系。

有段时间,我们一度将"知识是第一生产力"到处宣讲,以示对知识的尊重,表达对知识的渴望。因为那时我们太需要人才了,而人才的标识就是是否有知识。所以,有相当长的时间,我们是一个有知识就行的时代。英国哲学家弗兰西斯·培根提出的"知识就是力量"的名言,被我们果断改造并跨界提升到经济发展领域。

02

在很久以前,知识是被垄断的,并不是所有的人都配并可以拥有知识。知识是贵族的专有配置,无论在欧洲还是在东方,知识都一度是权力的象征。即便欧洲大陆后来出现了公共图书馆,最初那也不是任何人说进就能进的,早期的图书馆里,书都是被铁链锁在书架上,这是知识权力属性的另一种表达。我们这里,无论是汉代确立的察举,还是隋唐建立的科举,背后都隐藏着知识拥有者的特权。那个时代,知识的背后始终晃动着社会地位的影子,拥有知识,本身就是一种权力的体现。鲁迅先生的《孔乙己》、吴敬梓的《范进中举》都是教科书里的经典,其中的知识拥有者孔乙己和范进被我们反复批判,让无数的青少年认识到科举制的恶丑与腐朽。其实,换个角度我们就可以有新的认识,无论范进还是孔乙己,他们都还是能读书应举人群中的一个,小说中那些嘲笑范进、孔乙己的人们至死也不会明白,自己连被嘲笑的机会和资格都没有。《项脊轩志》里的归家已然中落,但文章字里行间不经意间透出的仍是江南世家大族的非凡气象。归有光能去科举应考本身,依然证明着归家的社会地位,虽然此时的归家不复当年归家太常公执笏上朝时的气场。我们今天只关注了归有光深情动人的文字,忽略掉的是文字里忽隐忽现的社会权力结构。正是知识带有的权力诱惑,让无数代无数人前赴后继,知识几近成为权力基因的记忆,而飘落在时间深处的范进与孔乙己们不知凡几。

  二十世纪二十年代至四十年代,是旧时读书的余响,虽然求知变得不再那么高不可攀,但能去学校读书仍然是家庭社会地位的象征。直到四十年前,改变才真正开始。我们身边,突然流行起知识改变命运的宏大主张,这个口号一时间如黄钟大吕激荡并回响在每一个梦想改变自我命运的人耳畔。这是知识真正降低身份走向日常的开始,自此,知识才渐渐脱离其自古被赋予的权力色彩,试探着为人自身发展服务。千禧年后,我们又提出教育"为了每位学生的发展"这样的新主张,然而可惜的是我们很快又陷入了一种认知误区里,那就是太多的人以为拥有了知识就能改变命运,稀里糊涂地将知识当作了解决一切人生难题的金钥匙。对知识的认知,在灵魂深处,我们依然与这个世界格格不入。

03

没有知识肯定不行,但拥有何样的知识,如何去拥有知识,拥有知识的目的,比知识本身重要得多,这一点认知如今仍然未为大多数人所理解并接受。在现实的知识教育行为中,我们更多看到的是人们只知道追求知识,鲜少有人去关注追求的知识内容和追求知识的方法,更少有人思考追求知识的目的到底应该是什么,这对社会和每一个追求知识的个体都是十分有害的。

之所以如此,是因为有太长的时间,我们是一个有知识就行的社会;在不算短的时间里,我们靠一张文凭就可以行走天下。这影响是巨大的,巨大到我们现在需要重新认知知识才有可能走出拥有知识的各种误区。当初靠一篇文章就可以,靠一纸文凭就可以,是因为知识不普及,不可能是知识价值的正常体现。当社会系统步入正常的运转轨道后,尤其世界的发展到了知识快速迭代的今天,我们对知识内容的态度,拥有知识的过程,理解知识的方法,都要作出相应的调整和改变。

04

历史上,我们是一个拿知识换取权力的文化系统。过去有句俗话说得好,"学成文武艺,货与帝王家"。如果你不是用战场上九死一生的运气换取人生的功名,功名的取得就只有去读书求学。一方面读书不是一般人家的权利,另一方面读书又是为了求取权力。因此,彼时读书的目的就是售卖,售卖的目的是权力和权利。为什么"万般皆下品,惟有读书高"? 因为书中有"千钟粟",有"黄金屋",有"颜如玉",有"多如簇"的马匹。读书可以"朝为田舍郎,暮登天子堂"。登了天子堂就可以如孟郊般"春风得意马蹄疾,一日看尽长安花",至于孟郊差一点就成了范进的事实,都因孟家祖坟忽然冒了青烟助其登上天子的高堂而被忽略轻视了。这种文化知识传统一直延续到科举制崩溃后很多很多年。而科举制的崩溃,并不是文化系统本身认识到了科举自身的弊病,实在是因为现代科学知识东进的结果。我们在不得不与我们之外的世界打交道的过程中反复碰壁吃亏,这才明白旧的知识系统不行了,必须要用现代学校推行现代知识。这就是二十世纪初年大江南北雨后春笋般涌现出大量现代学校的根本原因。可是,文化系统和社会现实让我们一开始接触现代知识就犯下了致命的错误,我们沿袭了传统的掌握知识的方法,以此去对待注定会迅速发展的现代知识,这个错误或者缺陷在今天推行新的课程实践变革时显露无遗。两千多年的知识学习,我们面对的是一个几乎不变的文化知识库存,因此能以记忆的方式从容应对,可是现代知识是发展的,是迭代的,靠纯粹的记忆应付不了,于是我们开始增加对固有知识的训练,企图以重复记忆和反复训练的手段让自己记住知识,理解不断出现的新知识,并希望通过这种知识手段去实现我们自身文化系统内部的那种人生追求。这就注定是一场只能越来越艰难的知识诉求之路。

05

今天的学科知识是现代知识,知识与社会之间的关系是相互促进与相互生成的关系,现代知识的基本特征是动态的、鲜活的、发展的、不确定的,我们近年看到的人工智能更是展现了科技知识快速迭代的特征。在今天,知识展现了它从未展示过的强大能力,科技的智能性甚至在暗示人类未来的不确定性。我们以两个事例来证明知识在今天带给人的震撼。2024年12月10日这一天，谷歌公司平静地向世界宣布，他们成功研发出了一款名为 Willow 的量子芯片，这款芯片能够在短短5分钟内完成一项超复杂计算。Willow 的这项任务即便用当今最快的超级计算机，也需要耗时10的25次方年才能完成。要知道，10的25次方年是超过宇宙存在时间的长度。另一件事是2024年的诺贝尔化学奖，得主之一的德米斯·哈萨比斯领导自己的团队用开发出的 AlphaFold2 模型，为蛋白质三维结构的预测开辟了全新的天地，将科学家本来需要几年、几十年预测的时间缩短为几日，解决了一个已有50年历史的难题。这种开创性的贡献，依赖的是 AlphaFold 这种人工智能工具。这两个事例给我们的启示是，知识智能正快速将人类社会推向一个我们之前无法想象的世界，知识的强大威力将可能揭开人类社会的奇点。没有数字文明时代的知识，一个社会将很快呈现失速状态。在数字文明的门槛前，我们拥有何样的知识，如何拥有知识，拥有知识的目的，必须要有一个清晰的价值判断。

我们以前求知，其实都是学习过往的经验，今后的求知，更多应指向未来经历中形成的认知。许多旧有的所谓知识可以忽略和抛弃，不知道、不了解、不掌握那些僵硬的无生命力的旧记忆并不影响一个人的发展，对过往知识的过度依赖反而会影响社会和个人的未来。

知识应该是一种认知能力，没有认知能力的知识就不是知识，这是我们今天对知识应有的基本认知。

如果你已为人父母，就要考虑什么样的知识教育才是知识教育。如果你是职业教育者，就要考虑什么样的教育行为才是职业者应有的作为。如果你是求知者，就要考虑什么样的知识获取路径才是正确的知识打开方式。

教师的慌乱与绕着走

评价变革面前,我们的观念和行动都慢了不止三拍。

01

所有的高中教师都看到了高考试题的变化,大家的共同感受是无所适从,无以应对。

无以应对,可是还得对。不约而同,大家应对的手段是让学生做更多的题目。

02

让学生做更多题目的同时,老师们也知道,这样应对其实并没有用。

明知道无用还要这么做,是因为没有其他办法可用。

这是一种没办法应对后的焦虑,就像一个人手足无措后的慌乱,黑暗里乱打一气。

03

不仅学生做,教师也做。做题成了各科教师职业努力的安慰剂。

在学校,我们看到的是,各学科都在近乎精神错乱式地考试。

04

当然有头脑清醒的教师。

既然头脑清醒知道这种频繁的考试无用,为什么还要考试?

他们头脑清醒没用。年级主任说:要考试。

年级主任要考试是因为校长向他要数字。当然,也有不少主动要数字的年级主任。年级主任在学校的唯一使命是数字好看。

05

校长要考试是因为有些校长只认考试。这样的校长真实的想法是:少来这理论那概念,这方法那思路。说起来一套一套的,学生考不上大学,考不上好大学,考不上北大清华,那些方法理论有什么用?一钱不值。

还有些校长,虽然知道这么频繁的考试不好,但其他学校都这么考,万一自己不这么考,最后学校数字不好看的话会很麻烦。所以,还是要考试。

教师焦虑,级部主任焦虑,其实最焦虑的是校长。

就是少有人真正地想学校的考试行为会带来什么。

06

还是回到语文。说这个有底气。

今年,依然会有语文教师带着学生复习了一年根本没有碰到边儿的题目。之所以让老师们觉得碰不到,白复习了某个知识点,是因为人家在考查学生思维能力的过程中顺便考查了学生的知识掌握情况,我们老师总以为掌握了知识就有了做题的能力,我们让学生掌握知识的方法又是讲—练—考。整个用力的角度和方式不对。当"评"发生了根本性的变革后,"教""学"整个还是在原地踏步。

教学观不改,永远会让我们觉得无论怎么复习就是对不上。我们能从单篇教学、知识教学走向课程教学和素养教学么?

07

有朋友说,不是教学观不改,根本问题是没有教学手段。我只能部分接受这一观点。"教学手段"都是人设计出来的,只要"教学观"真正改变了,一个老师就会思考自己的"教学手段"。当然,教学观即便变了,教师也会受到各种掣肘,这是另外一个话题。

08

2024年4月25日至26日,在苏州星海实验高中举办了一场全省优质课展示活动。高一年级开设"信息时代的语文生活"课,高二开设"逻辑的力量"课。之所以确定这样的上课内容,是因为调研中发现绝大多数的学校都绕开这两个内容,尤其绕开"信息时代的语文生活"。有类似待遇的教材内容还有必修上册的"家乡文化生活"。

09

国家规定的学科课程内容,为什么大多数高中语文教师会绕开?

这个现象,我观察了不短的时间;这个问题的答案,也想了很长时间。

最初的调研,教师们给出的结论是"高考不考"。

这个回答让人诧异。诧异之一是在经过了二十年的课程变革之后,语文教师的课程教学目的只剩下了"为高考";诧异之二是高中语文教师没有真正研究高考评价,但凡有真正的考试研究,都会看到这两个单元内容的教学对高考的作用。

高中语文教师对高考评价不作真正的研究只是一种整体性判断,事实上高中语文教师中不乏研究高考评价者,有些甚至研究得很深入,对课标要求、高考命题内容、高考命题技术的理解和判断相当专业,只是这些对高考评价有真正研究的教师的研究结论并不被广大语文教师接受。很奇怪的一种教学现象。十二分不解。

老师们一心只为高考而教学,却又不去认真研究高考,那是怎么教的呢?有人研究了高考,且结论正确,却又被语文教师集体拒绝。背后的逻辑是什么?

10

一个群体的共同选择一定有他选择的逻辑,非常复杂,只说三条。

逻辑一:所有的合理性判断都是前瞻性的,面对超前的东西,我们集体选择了保守性拒绝,以未见过、玄奥、不可能、怎么会……拒绝了改变。

逻辑二:之所以集体性拒绝,还因为高考评价的转变需要语文教师必须拥有对应的专业能力。具体说有两个方面。一是学习设计能力,面对教材提供的课程学习资源,教师不仅要设计具体的学习内容,而且要设计学习过程;二是评价设计能力,教师不仅要接受课程评价的理念,还要有评价设计的能力才行,而评价设计又要包括过程性评价设计和结果性评价设计。在上一轮的课程教学变革中,由于评价的滞后,我们没有真正在教师的这两个专业能力上下足功夫,教师也没有真正意识到这个问题。现在需要这两个能力,老师们没有,设计感到非常困难,因而拒绝。尤其这些非文选单元,更需要语文教师的专业设计能力。

逻辑三:老师们缺乏转变的空间和时间。学校的管理是扁平化的,又是数字化的,持续、连续、不间断、频繁的各种考试让教师难有转变教学的机会。以"信息时代的语文生活"为例,把时间都划分到"分钟"的学生难有时间去享受语文教师分配给他们的信息时代的生活。学校管理者一般也很难给语文教师提供这些看上去不像"学习"的教学空间。

教育需要安静地变革

所有关注教育的人都应理性,尽可能让学校安静,教育安宁。

01

朋友发来一张随手拍的图片,告诉我,图中那个坐着的女孩子是隔壁班品学兼优的学生,改天是月考日,她正紧张到手抖个不停,班主任对此束手无策。

由是想,那些要"质量"的人,看到如此的结果,该当怎样想?学校能为一个学生的紧张停考吗?家长会握着孩子的手回家吗?班主任会果断决定这个学生免考吗?班里的同学会因为她拒绝这次月考吗?现在,恐怕都不会。

学校不是为考试而存在的,这个朴素的常识正在被紧紧围着教育不散的人群抛向九霄云外。我们一群大人,把孩子围得密不透风,也不想想自己做小孩子的时候,是何样的儿童心理和少年欲望。

怎么可以如此,又怎么能够如此。

02

在教育这个事上,似乎人人都有他"如此"的理由,都不大愿意倾听不同于自己立场和观点的声音。尤其近年,几乎所有的人都下了场,来到自己的扩音器前,对着教育现场肆意发火。现实中,你永远可以看到教育场域沸反盈天的各种意见、争执和操作,就像一锅沸水,吐出的是碰不得的泡,升起的是吸不得的气。任何表达,都可能被气泡灼伤。喧嚣的鼓噪已经让教育的弦绷得越来越紧。

教育现场,本来是一个平心静气的交流对话现场,现在变成了比声音的争吵大会。

03

那些专家,今天正被各种人和声音在网上批评,起初专家们还辩解几句,结果发现越解释越被人指责,于是只好闭嘴。本来,他们看到了传统教育的痼疾和未来教育的需要，给出解决方案，希望能给现实教育以切实的帮助。方案既触及了传统教育中的不少筋骨，又触碰了具体实践者的专业短板，这结果引发了许多人不高兴。大家不高兴的因由太多太琐碎，无法一一举证，这里仅说一例。老师们都习惯讲，这本没有问题，任何教育方式中都离不开教育者的讲，但讲不等于满堂讲，更不等于把满堂讲（更不消说满堂灌）作为唯一的授课方式，此等讲授式教学在变革中属于需要改变的实践行为，于是就遭到了太多人的反对。诸如此类，举不胜举。如今网上是各种声音的海洋，你听不清每个人在说什么，像极了高铁站此起彼伏的大喇叭。

04

什么人在围观这场教育？围观者中，有多少人仅是一种情绪围观？又有多少人该安静地走开，让教育回到自身本来平静的环境氛围里，安安静静地做自己该做的事情？所有关注教育的人都应理性，尽可能让学校安静。教育，需要安静地变革，而不是所有的人吵成一团。

05

2024年底,一大群专家在呼吁守住教育的底线,这场景让人觉得有点悲……壮,守住教育的底线是靠呼吁就能做到的吗?他们在呼吁给谁听,有人会听到吗?听到能听从吗?教育有自身的哲学基因,也有具体的国家意志,但最终都指向人。为人,是教育最根本的目的。这些道理,所有人都赞同,但落实到具体的教育行为上,所有人的目光又几乎齐刷刷全落到了数字上。所以,实用即是最终价值仍是一种文化选择,这也是旧教育传统坚如磐石的原因之一。多数人的认知如此,那些为教育为未来的专家们被各种批评的声音包围也就成了顺理成章和不足为奇的事儿。

尾　记

　　大约从 2003 年开始,我偶尔会将自己对教育的观察和思考记录下来。不为别的,只是一种职业兴趣和个人爱好,没想着拿出去发表,更不曾想过将这些点滴的观察和零星的思考结集出版。所以,2022 年 11 月的某天,江苏凤凰教育出版社的余立新老友和沈静明女士找到我说出他们的想法时,我没有当即应承下来。那个时候,有些事情正让人心灰意冷,我什么事情都不想做。可是,当年底,OpenAI 推出 ChatGPT 震惊了科技界,也震动了全世界,我虽然对科技领域一片茫然,但靠着今日资讯的便捷约略觉察到人工智能的这一突破意味着什么,对教育尤其基础教育又意味着什么。就这么个一闪而过的念头,让我第一次动了出书的心思。

　　几个人再将这件事当个事情坐下来聊,已经是 2023 年 3 月的某一天,那天大家谈了全书大致的内容与结构,沈静明老师索要了我草拟的框架和几篇短文,说定书稿在2023年12月底完成并提交。

我以为多年的旧文草稿整理修正一下,再补写个几篇,九个月的时间足够了。没想到过去几年延宕下来的事在2023年还要一件件地捡起来,更没料到重新捡拾会那么占用时间,更更没有料到的是,按钮重启后大家都要加倍做新事情,结果大半年时间过去,我愣是没有精力为这本小书再写作只言片语。眼看来不及,只好在2023年11月初向沈静明老师申请书稿延至2024年4月底提交。用2023年一年还完旧债,处理好新工作,再用四个月整理旧文写作新章,我想这总归没有什么问题了。

可惜我又错了。这次没有料到的,是2023年人工智能的迭代速度对我写作内容的影响。2024年1月,我开始正式整理旧文时发现,曾经对教育的某些观察判断已经落后于社会的发展,基于人工智能的技术突破和技术应用已经在短短的一年时间里改变了我们几百、上千年不变的观念和认知,今天再观察教育,再思考教育的现状与未来,更多应聚焦基于技术的未来而不能再是对过往经验的判断。刚意识到这个问题时,我仍然自信可在4月底如期交稿,那时以为修改仍来得及,补写也没问题。

尾 记

但是写作越深入越觉得困难,因为在写作的过程中 AI 领域突破不断,每一次突破都会涉及教育,都会引发人们对未来教育的想象。这场全球人工智能浪潮,仅仅一年多的时间,已经从实验室全面渗透进经济社会的各个角落,AI 已经从"技术爆炸"走向了"价值创造"。生成式 AI 的多模态突破,AI Agent 的兴起,多模态大模型的突破,其在医疗健康、教育科研、智能制造领域展现出来的卓越的行业应用现实场景,都在表明大多数人口中讲的 AI 已经从工具蜕变为强大的生产力,人类文明已经站在了一个奇点之上,起码是奇点临界。如果我们稍微扫一眼教育,就能看到哈佛大学、麻省理工学院的 AI 导师系统已经开始为学生提供个性化的学习路径,未来教育不可能再是我们眼前熟悉的场景和实践模式。所以,我在 2024 年为书稿写作的过程实际变成了对旧文淘汰的过程。2024 年的 4 月底,在交稿日期的最后十天,我又一次提出了延期。但没解释,我觉得解释没有意义,只有交出适切现实需要的书稿才是正途。这一次,我又将交稿日期推到了 2024 年 12 月底。沈静明女士欣然同意,特别大度,我既内疚又感动。2025 年元旦假期结束,1 月 2 号下午,我用手机将最终的书稿传给了她。她回复"张老师，收到啦"，我理解是她长出了一口气——这人终于交稿了。

特别要补记一笔的是，沈静明女士对工作真是既认真仔细又精益求精，早在合作初期，她就与我反复讨论书名、封面、开本诸事，交稿后又反复跟我商量书的用纸、内页装帧、文创开发诸事，事事做到作者满意、她自己的审美过关。仅一个封面设计，我知道的就推翻了十稿不止。封面上猫的画法处理，更是来来去去数十回，每一回都需要设计者推倒重来，这有点太折磨人了，有好几次我都说"很好了，就这样吧"，但因过不了沈静明老师这一关还是要重来，直到最后这只呈现在读者面前的猫才作罢。事后知道，插图者是沈老师的女儿。这是不得了的事，她女儿给如我者一本书的封面出手，是不能想不可求的，实在感谢！

为了这本教育小书，江苏凤凰教育出版社的刘煜主任给予了极大的耐心，付出了巨大的精力与心血，让人感动不已；沈静明老师的助手，年轻的编辑梅瀚尹承担了许多具体的事务，贡献了很多年轻人才有的创意和智慧；余立新先生不推荐，我想不起来将自己的文字送给出版社接受检验，他直接催生了本书的出版。在此，请允许我一并奉上自己内心真诚的感激！还有所有耐着性子翻阅本书的读者朋友，请接受我出自肺腑的感谢！愿我们一起努力，为教育能够拥有美好的未来。

张克中
2025年2月9日　南京小桃园旁

所有在静寂中点燃的微光
终将连缀成照亮未来的星群

感谢您使用本书。您在使用时如有建议或发现质量问题,请联系我们。
【内容质量】电话:4008283622
【印装质量】电话:4008283610

图书在版编目(CIP)数据

教育琐话 / 张克中著. — 南京 : 江苏凤凰教育出版社, 2025.5. — ISBN 978-7-5743-0919-7

Ⅰ. G47-53

中国国家版本馆 CIP 数据核字第 20240YD310 号

书　　名	教育琐话
著　　者	张克中
编辑统筹	梅瀚尹
责任编辑	沈静明
装帧设计	刁 荧
插　　画	刁 荧
出版发行	江苏凤凰教育出版社(南京市湖南路1号A楼 邮编:210009)
苏教网址	http://www.1088.com.cn
照　　排	江苏凤凰制版有限公司
印　　刷	南京顺和印刷有限责任公司(电话:025-83682876)
厂　　址	南京市江宁区麒麟街道天和路78号
开　　本	787毫米×1092毫米　1/32
印　　张	8
版　　次	2025年5月第1版
印　　次	2025年6月第2次印刷
书　　号	ISBN 978-7-5743-0919-7
定　　价	50.00元
网店地址	http://jsfhjycbs.tmall.com
公 众 号	苏教服务(微信号:jsfhjyfw)
邮购电话	025-85406265,025-85400774
盗版举报	025-83658579

苏教版图书若有印装错误可向出版社调换